古典文獻研究輯刊

三六編

潘美月・杜潔祥 主編

第 45 冊

陸繼輅集
（第二冊）

陳 開 林 整理

國家圖書館出版品預行編目資料

陸繼輅集（第二冊）／陳開林 整理 -- 初版 -- 新北市：花木
蘭文化事業有限公司，2023〔民112〕
目 14+164 面；19×26 公分
（古典文獻研究輯刊 三六編；第 45 冊）
ISBN 978-626-344-303-7（精裝）
1.CST：陸繼輅 2.CST：崇百藥齋 3.CST：學術思想
4.CST：文學評論
011.08   111022068

ISBN-978-626-344-303-7

古典文獻研究輯刊
三六編　第四五冊　　　　　　ISBN：978-626-344-303-7

陸繼輅集（第二冊）

整　　理　陳開林
主　　編　潘美月、杜潔祥
總 編 輯　杜潔祥
副總編輯　楊嘉樂
編輯主任　許郁翎
編　　輯　張雅淋、潘玟靜　美術編輯　陳逸婷
出　　版　花木蘭文化事業有限公司
發 行 人　高小娟
聯絡地址　235 新北市中和區中安街七二號十三樓
　　　　　電話：02-2923-1455／傳真：02-2923-1452
網　　址　http://www.huamulan.tw 信箱 service@huamulans.com
印　　刷　普羅文化出版廣告事業
初　　版　2023 年 3 月
定　　價　三六編 52 冊（精裝）新台幣 140,000 元　　版權所有・請勿翻印

陸繼輅集
（第二冊）

陳開林 整理

目

次

崇百藥齋文集第十三

清鄰詞

柳枝 本意

斜陽外，柳枝。殘月下，柳枝。都是天涯腸斷時。一絲絲，柳枝。　絡緒羈，柳枝。繫花飛，柳枝。傷別傷春總怨伊。莫斜敧，柳枝。

鬲溪梅 詠蝶

雙雙粉翼出芳叢，趁殘紅。忽地分飛，無奈晚來風。棲香誰與同。　天涯何許絆萍蹤，恨悤悤。遮莫花房，曉霧濕冥濛。千回曲折通。

簾前剛被扇兒驚，恁無情。一撚腰肢，誰解惜輕盈。回身避乳鶯。　春歸拚與殉殘英，可憐生。薄命難將，綵筆更描卿。都疑剪紙成。

游絲不繫可憐身，竟誰鄰。早又飛花，和雨委芳塵。將魂付與春。　羅浮仙侶怨輕分，怕黃昏。待得清光，一院月如銀。無由更覓君。

一庭紅雨落難收，濕春眸。記取雙飛，切莫傍簾鉤。有人簾內愁。　歸期欲訂又還休，暫勾留。此去知他，能否更經秋。年華似水流。

輕軀瘦損不勝春，宿花城。一晌相逢，雙影未分明。夢兒真不真。　蜜官樹底漫紛紛，怎同群。欲倩呢喃，燕子祝斜曛。容伊活一生。

水調歌頭

東風慰岑寂,吹放北枝梅。幽人攜酒花底,一日幾裵徊。試取花閒清露,為浣看花青眼,三徑雪中開。落葉滿荒砌,凍雀啄蒼落。　　羅浮夢,渺難即,首重回。殷勤寄語,紅杏也欲倚雲栽。爭奈鶯簧燕翦,易得拋花幽獨,不共月飛來。修竹可偕隱,玉笛任相催。

滿庭芳

翦翦輕寒,陰陰新綠,曲檻閒倚蕭晨。玉杯清酒,和淚滴芳塵。爭奈青青滿徑,無情草,沒了春痕。東風急,鵜鴣啼遍,直是不曾聞。　　傷神知甚日,新英舊蔕,重見幽芬。算浮萍飛絮,猶記前身。待倩枝頭鳳子,濃煙裏,細覓離魂。懨懨坐,湘簾不捲,寂寞度斜曛。

高陽臺 聽雨

惆悵東風,飄花蕩絮,紛紛攪亂春晴。結隊游蜂,駝香也趁簾旌。誰知一片苔痕潤,到晚來,雲護疎星。盡長宵,葉上心頭,滴盡聲聲。　　醉中且任春歸去,奈愁濃酒淡,和夢都醒。願作蛛絲,黏來已是殘英。更堪柳線長如許,倚斜陽,只解藏鶯。盻朝暉,約住荼蘼,不遣縱橫。

少年遊

桃枝妨帽,柳絲牽袖,春嬾罷閒遊。宿醉初醒,獸煙又斷,無奈上簾鈎。　　斜陽裏,燕喧鶯鬧,花落幾曾留。淺淺池塘,青青芳草,何計浣離愁。

高陽臺 雪霽夜寒輒填此解

幾片閒雲,數聲流水,捲簾不見青山。拚掩重門,梅花又點苔斑。冰輪最解相思苦,碾霜華,也做宵寒。獨淒然,立徧空庭,倚遍回欄。　　清輝玉臂知非舊,記深深畫閣,勞念衣單。爭到圍鑪,相逢卻贈齊紈。回頭說與孤行影,便伶俜,也只儂看。夜將闌,一度微吟,一度長歎。

綠意 宋子庭瞖花士女卷子

披圖漫省。訝幽香誰折,吹上嬌鬢。可是東風,解識春慵,喚醒梨渦微暈。玉纖遮莫巡逡見,總怕數,頻番芳信。拚為伊,重貼雅黃,又待倦敧鴛枕。　　況是啼鶯漸老,只修竹,瘦損堪倚清冷。爾許沉吟,索放簾波,遮卻一身花影。

無端暗惹柔腸轉，恐此去，春痕難認。倩何人，挹取冰煇，添寫舞鸞明鏡。

高陽臺

別酒廻燈，濃雲閣夢，恩恩回首春明。如此天涯，為誰分卻鄉情。狂花浪藥漂零早，只江南，草尚如茵。再休教，伏雨炎風，浣了青青。　　故山亦有樽前約，記招他仙蝠，卷盡簾旌。那更枝頭，黃鸝又囀離聲。不如同傍橫塘住，倩金波，為浣衣塵。恁魂消，我正悲秋，汝又傷春。

浣溪紗

纔放簾波卻上鉤，下階無緒更登樓。最難禁受是新秋。　　讀曲代拋臨別淚，聽香恍記隔生愁。不如歸去又淹留。

滿庭芳 舟中作

淺淺簾波，惜惜蘭韻，夜涼薄醉初醒。鴉鬟半褪，釵影露光熒。手弄生綃團扇，低窺處，碧月紛紛。知何日，雙騎麋鳳，吹徹玉簫聲。　　堪驚。料別後，方塘水漲，紅藕香清。怕心頭眼底，驀地分明。一任輕帆風緊，渾負卻，冰簟紋平。孤吟久，夜長欹枕，窗際數秋星。

虞美人 保緒製海燕記院本每夕挑鐙成一折輒抗聲而歌余臥聽之口占此解

閒宵不放懨懨醉，夢比秋雲碎。傷心遮莫損朱顏，更不傷心何計遣長年。　　英雄兒女愁難寫，一例拋空罷。無端春影又關情，記得斜陽親聽落花聲。

浪淘沙

獨自啟篷窗，月滿寒江。秋空不見影兒雙。晌箇踏波人共語，涼透清霜。　　幽夢倩誰償，煙水茫茫。誤他天際識歸艖。容得鴛鴦三十六，何處橫塘。

高陽臺 寒竹頹迦同作

卻暑庭陰，聽秋院落，幾番生意摧殘。爾許淒清，為誰行近回闌。要支耐得年年減，借幽篁，同報平安。不教歡，黃竹箱空，翠袖衣單。　　梅花舊約知何似，晌疏枝低亞，省識愁顏。可奈斜陽，霜華一樣蕭寒。何因細刻珍珠字，有湘娥，凍淚凝斑。展冰紈，寫入雙鴉，休畫孤鸞。

慶清朝 答錢申甫次來韻

挑線闌前，迷藏徑裏，分明前度花陰。待敏銅鐶怪他，簾押深深。憑仗雕梁新燕，穿窗去訴與秋心。知何處，香芸正膩，綠酒雙斟。　　不是冰，絃乍澀，祆瀟湘初譜，誤到而今。筵歡調苦相逢，說甚苔岑。便做年時月上，怎扶瘦影傍羅衿。還禁得，兩行別淚，灑作愁霖。

水調歌頭 凍子霄

青女最岑寂，只與素娥遊。無端雲影如絮，失卻十重樓。欲借倚天長劍，還我晴空如練，滿佇一輪秋。白兔白於玉，穩臥不知愁。　　浮生事，渾如許，付閒漚。除是驂鸞，跨鳳長嘯蕩離憂。喚取麻姑進酒，坐聽雙成摑笛，一笑豁雙眸。醉矣子毋怒，霜雪已盈頭。

綠意 為婉清題錢處士牡丹畫帳

冰綃七尺。訝滿庭花影，移近瑤席。碧月西沈，不信銀鐙，照見十分顏色。圍將香夢沉酣處，那更落深徑窄。分明〔註1〕，煙雨江南，只隔一重簾額。　　為問鼠姑風裏，可還記，一片煙脂狼藉。幾日懨懨，褪盡穠姿，剩有眉痕如昔。留春除是丹青好，渾不費，春魂濃覓。再莫教，灑上鮫珠，化作瀟筠湘荻。

南浦

秋風何意，向閒庭，吹放小桃鬘。記得一枝飄墮，春淚灑斑斑。遮莫苔深草長，試低頭，認取舊弓彎。有亭亭修竹，雙雙翠袖，於此倚嬌寒。　　不信而今重見，盡濃愁，盡日壓眉端。擬借年時蝶粉，描影上齊紈。怎奈楓林霜葉，倚斜陽，紅殺曲闌干。祆劉郎老矣，且教都作霧中看。

浣溪紗 和曾容韻

夜永香篝夢轉稀，晨妝不奈綠雲肥。薄寒天氣倦添衣。　　出縗蛾眉猶待畫，定巢燕子漸低飛。乍分明處最凄迷。

江城子

南歸北去總魂消，是今朝，是明朝。郎若行時，攜妾上雲霄。郎若歸時儂也去，儂自會，蕩輕橈。　　屏風曲處路迢迢，道前宵，又今宵。試問菱花，雙鬢為

〔註1〕按：較前一闋《綠意》，此處缺二字。

誰嬌。願化春絲紅一縷，郎去也，繫郎腰。

南歌子

寶鴨香初爇，盤龍髻半鬆。秋宵只在雨聲中。昐到新晴殘月已如弓。　　後會期紈扇，輕寒拓綺櫳。池荷飄盡可憐紅。留得雙雙胡蝶見扶容。

綠意

酒闌香炮。看愔愔四座，淺顰低訝。已近春分，底事今宵，長過星辰昨夜。明妃未到龍沙遠，早忘卻，酪奴聲價。鎖愁痕，闌柱簾絲，都向晚風縈惹。　　猶憶枕函斜倚，那人正，薄醉飄散濃麝。多謝司香，分綠推紅，耐得流鶯頻借。還愁十萬金鈴外，等不到，香車親迓。怎者番，小試相思，清淚已如鉛瀉。

浣溪紗

隱隱招提向晚鐘，素窗竹影又重重。誤傳消息是征鴻。　　良夜易愁明月盡，畫樓更在小星東。此時風露與誰同。

金縷曲

人月雙清夜。問浮生，流連光景，幾番情話。風雨無聊離別苦，多少琴悲笛吒。祆還是，幽輝堪借。涼露一庭人獨立，見胸前，寶鏡光如瀉。玉山朗，晚妝卸。　　留仙枉縐羅裙衩。更而今，斜陽官樹，炊煙茆舍。準擬佳期成再誤，負殺燕招鶯迓。怕重見，闌干低亞。不是蓬萊風慣引，是蕭郎，未乞春宵假。殘醉醒，淚頻灑。

高陽臺

風葉庭階，霜枝籬落，分明人在窗紗。暖水文鴛，為誰送遍歸鴉。而今剩有餘香在，記羅帷，花影交加。鎮懨懨，坐壓鸞衾，臥聽鸞車。　　離愁觸處難收拾，有書殘柿葉，剗碎璚花。擬疊瑤牋，無端拋向平沙。征鴻盡解傳消息，怕梁州，未是天涯。但淒然，擲卻霜毫，涼卻春芽。

賀新涼

一院清輝迥。記前宵，闌干倚處，玉樓低並。門外班騅留不住，說甚秣陵煙

艇。漸陌上，霜風淒緊。千萬莫教回首望，怕涼蟾偷囓相思影。涷水澹，嵩雲冷。　　稱身勞贈江邊錦。看而今，酒痕淚點，斑斑污盡。百樣銷融千種慧，但覺挲挼日永。渾未信，宵深寒警。欲向小窗鐙下坐，又蠻牋瞥見橫春蚓。芸笈亂，待誰整。

滿庭芳

玉版裁牋，月團試茗，西廂盡日雙局。幽香一縷，未許雜鑪薰。遮莫秋容漸老，笙簧暖，炙透濃春。低窺處，蔚藍窗外，緩緩度斜曛。　　消魂。當此際，粗籠翠鬟，待轉霜輪。便銀河是淚，怎瀉離情。擬趁青鸞小憩，相將去，穩跨山君。渾無奈，西風似翦，吹斷碧山雲。

一翦梅

緩盡朱絃冷碧簫，行也無聊，睡也無聊。殘鐙坐對可憐宵，月也難邀，人也難邀。　　游絲一縷情誰招，歡也魂消，別也魂消。同心結子解冰綃，珠也輕拋，淚也輕拋。

江城梅花引 穀人先生有此調豔體詞，絕工，戲仿其意

瑤牋四角寫迴文。有脂痕，有啼痕。記得徧身，紅雨步芳茵。豔殺春衫青似草，扶花立，怕風吹，化暮雲。　　暮雲，暮雲。憶遠人。酒半醺，燭半昏。畫也畫也，畫不到，眉月雙顰。十二闌干，一曲一銷魂。只有年時花上蝶，香夢醒，見幽輝，滿畫裖。

燭影搖紅

薄醉歸來，殘鐙隱約光如黍。牙籤筠管亂縱橫，觸忤閒情緒。欲向闌干小倚，又不奈，露濃於雨。者般涼月，刻意團圓，待誰延佇。　　苦憶年時，茶煙微颺香初炷。有人燒燭試銀牋，寫徧鴛鴦字。不道臺空鳳去，並少箇，寒螿對語。茫茫碧海，還是長娥，解人意苦。

踏莎美人

塞草留青，宮梅積素，天涯幾許憐人處。朱絃七尺為誰張，誤到山禽頭白，蝶衣黃。　　傍水湔裙，迎山染黛，佳人合著煙霞外。此時風雪阻刀鐶，可記褰簾一步，喚春寒。

臨江仙

一桁珠簾拋未捲，水亭盡日勾留。挑殘雙線罷藏鈎。低鬟窗下坐，背面鏡中羞。　　池畔閒漚瞑正穩，新荷乍放還收。分明人在木蘭舟。好安帆十幅，攜妾五湖秋。

菩薩蠻

一庭春霧濃如許，曉來曾未聞鶯語。寂寂海棠絲，雙棲花不知。　　闌干閒憑久，小小憐珍偶。防殺護花鈴，將他殘夢驚。

水調歌頭鄭三灝若榕屋橫琴冊子

十載抱琴坐，珍重幾回彈。無端庭樹搖落，忽覺歲將闌。除卻春風雙鬢，誰與伴人幽獨，風雨滿空山。起舞弄清影，殘月已如環。　　征車遠，青衫換，啟柴關。且喜黃塵，爾許未損舊朱顏。怪底鳳車歸晚，待到梅花破萼，香福不全慳。綠綺久岑寂，為我解囊看。

蝶戀花

猶憶畫樓西畔路，手撚花枝，小立驚回顧。縹緲衣香留不住，珮環轉入屏風去。　　今日重來春欲暮，丁字簾前，不見凌波步。乳燕一雙相對舞，驕人飛向深深處。

鷓鴣天題畫蘭

袖展方袍放葉輕，朱脣染墨一枝橫。漸無香動當門妬，尚有春從隱谷生。　　清磬寂，午窗扃，風淹露重最分明。禪心慣說拈花芙，卻到拈時笑不成。

又月下對菊和海樹韻

糕不成題酒未傾，忍寒聊與坐嚴更。照來碧月尤憐影，豔到黃華也近名。　　風葉顫，露枝橫，一年花事記分明。若教都作重陽展，待展花朝更有情。

三姝媚全椒汪秀才寫舉桮邀明月對影成三人詩意索題因以誌別

孤懷誰對語。正西風蕭蕭，雁來人去。約略遊蹤，算長娥應記，閒宵伴侶。可惜清輝，照不出，樽前情緒。寫向橫圖，只有當時，沈腰束素。　　那更淺晴低雨。便竹徑落階，幾番延貯。拚掩窗紗，任鏡翻金罍，燭拋銀筋。醉不成歡，

怎禁得，酒腸非故。寄語桃花潭水，別愁難賦。

甘州

看彎彎新月出林端，攜手步閒庭。有殘荷未翦，小蘭初放，露暗香明。描取半身竹影，清絕墮釵聲。半晌無言處，落葉堪驚。　　最憶曲闌重過，怪回眸淺笑，暈臉潮生。問人間天上，何計遣離情。料芙蓉，秋江紅褪，對菱花，剩有遠山橫。應知我，天涯雙鬢，也自添星。

相見歡 庭前白秋海棠作花且落矣

霜華吹上春枝，幾多時。薄薄斜陽無力暈殘脂。　　苔山畔，腸空斷，惜幽姿。便是雙雙寒蜨不曾知。

山花子

一度星期上小樓，依前銀漢接天流。偏是玉釵消息斷，罷梳頭。　　雁字不留雲外影，蟬聲已向雨中收。幾點淚珠拋易盡，奈殘秋。

摸魚兒

祇佳期者番誤了，多應無分相見。菱花不管人扶病，驀地難藏嬌面。春似線，穿不盡，人間珠淚如波賤。粉痕零亂。只一度閒宵，玉肌消減，怕約舊金釧。

　　橫塘路，挑菜年光未遠。當時幾許遊伴。蛾眉本是人難畫，謠諑新來都斷。春夢短，渾不慣，風前自把纖羅展。連天歸雁。便寄與音書，枉教愁絕，何計挽輕電。

又

鎮蕭蕭滿庭黃葉，荒村風色如許。堆雅不是無心整，只覺春纖難舉。誰誤汝，怪清淺，瑤池路比銀河阻。相思終古。問洛水塵生，遮須夢遠，各自甚情緒。

　　重陽近，誰與閒宵聽雨。恩恩秋又將去。青溪三妹年還小，也有飄零堪訴。君莫語，悔不向，來時翦斷黃金縷。人閒兒女。算當戶機絲，傾筐梅子，一樣耐愁苦。

又 海樹蓼花詩傳和遍於江南暇日見索因填此解

倚斜陽一枝紅瘦，分明畫出秋影。桃根雙槳重經處，別是石城風景。滄江冷，怪鷗鳥，低頭殘夢驚初醒。小樓閒憑。有零亂青萍，年時曾見，簾底曉糚靚。

知何日，料理漁蓑釣艇。相逢重訴蓬梗。晴雲遮莫連波綠，只覺野煙催暝。休記省，剩衰柳，垂垂未改纏縣性。從教斜整。便寫上生綃，簪將嬌髯，無意對鸞鏡。

又題方柳村醉菊亭畫冊

乍相逢水肥人瘦，吳頭楚尾秋早。蟹簾魚網關心處，各有鄉愁難掃。圖畫好，但結簀，茆亭便有花圍繞。泉明未老。試添寫樽前，飄蕭巾帶，遲我共清嘯。

浮槎近，且自閒來憑眺。蒼茫目送歸鳥。君家蘅杜知何似，也只黏天衰草。應絕倒，問笠澤，煙波幾度輕帆到。西風吹帽。料此日籬邊，更番晴雨，花信有人報。

埽花游感舊寄劉春橋

春潮乍漲，記畫舫初停，待君黃浦。亂紅交路，倩雙雙粉蝶，引將深處。茗熟香溫，別是淹留院宇。定教住，早月影，背人偷上窗素。　　幕府正久貯，怨小隊青驄，抵催人去。華堂列炬，又珠光照夜，宵深難曙。容得迷藏，只有當時庭樹。這情緒，問劉郎，怎成前度。

水龍吟庭前垂柳一株長條蹴地奕山海樹諸君頻來徙倚其下經秋蕉萃感賦此詞

病來傭數秋期，柳枝搖落今如此。闌干十二，舊曾倚處，流鶯須記。匝地波光，極天雲影，春情無際。歎佳人半老，鬢絲撩亂，剛留得楚腰細。　　夢裏單衫初試，小紅樓，八窗齊啟。誰將飛絮，吹來江北，別魂搖曳。葉葉風乾，絲絲雨濕，做成蕉萃。便黃昏，一枕秋聲，也只是難成寐。

長亭怨慢奕山海樹赤霞見余前詞各成長調屬和循誦嘅息仍次奕山韻

記吹散，一池萍影。廿四番風，苦憐春短。到得秋來，舊愁都似鬢雲亂。為伊小立，無奈曲闌塵滿。況幾陣寒鴉，又一剎，催將天晚。　　江岸。嫩黃初見處，望極艸萋人遠。程程相送，渾忘了，冰蟾偷換。怎而今，霜縷垂垂，還只是，同心難挽。索門掩黃昏，付與素娥魂斷。

慶清朝聞山妻語兒輩故園木樨香矣感而有作

菊婢禁霜，酪奴消夜，為誰留住天涯。西窗細語，無端別緒交加。記得小園此日，香深處，染透裙紗。相邀坐，穿將金線，圍住瑤釵。　　漫數月輪圓缺，

問年年吳質，底遣秋懷。霧旗風緊，空教望斷仙槎。一徑黃英似雪，料無雞犬
到清淮。重門閉，階塵盡埽，遲我還家。

八聲甘州送秋醒雨同年同作

看天邊一抹凍雲頹，催客換征裘。記長亭墜葉，空階疏杵，各自悲秋。誰道蓼
花風裏，秋影也難留。歸燕雙雙去，誰話綢繆。　可惜陽春偏小，又忽忽，
斜照過了西樓。只新寒如水，和月上簾鈎。料今宵，更長醉短，更難邀，清夢
傍香篝。休重訴，餞春情緒，前度離愁。

水調歌頭都中故人分擬宋人詞見寄怪不及稼軒補作一首寄香延歷下

不見十年久，別緒積嵯峨。灈纓湖上梧酒，幾度玉顏酡。屈指燕臺舊雨，最是
中郎年少，花氣染衫羅。灑墨忽驚絕，百丈瀉銀河。　青萍折，紅袖濕，意
蹉跎。人生自是，長恨無計挽流波。裂汝丘遲殘錦，投我江淹退筆，此屈古今
多。披髮入山去，補屋自牽蘿。

滿庭芳春水次奕山韻

小閣憑闌，畫船聽雨，春夢飄落橫塘。浣紗人去，誰更織流黃。幾點蓴絲萍梗，
料牽來，未抵愁長。知何處，容他睡穩，七十二鴛鴦。　難忘。自那日，送
伊南浦，望斷霓裳。秚條條楊柳，記得秋涼。遮莫靈犀分水，也難分，紅淚凝
香。歸程遠，一痕帆影，隱隱帶斜陽。

湘春夜月春望和琴涵

問東風，柳花吹向誰邊。又把一縷春愁，送到小樓前。索倚畫闌凝眺，早眉山
展笑，帶水橫煙。記薰籠獨倚，重帷深下，隔住遙天。　錢郎老去，香車陌
上，慵報鸞箋。偏是東皇，鎮擪得，瑤華萬斛，都付流年。玉壺何在，趁新來，
罷數金錢。待訴與，怕高寒舊侶雙垂檀袖，望斷人間。

水龍吟題落花人獨立微雨燕雙飛卷子和子詵

工愁還似無愁，為誰雙鬢縈飛絮。深深庭院，綠陰如夢，又飄絲雨。倦燕橫窗，
殘花戀蒂，此時情緒。問畫師，曾否偷窺嬌靨，卻畫到，無人處。　忽憶玉
爐香燼。展湘波，欲行未去。輕寒風影，添衣無喚，箇儂何許。暗數簾紋，又
聽鈴語。依然延貯，算春來，遣得無聊也，早向蓮臺住。

揚州慢 聽鄰家度曲和浣霞

讀曲傷離，聽秋無寐，隔牆又倚瓊簫。料知音在側，鎮耐得深宵。最堪笑，稈香一粟，穿成珠串飄。堕生綃，任新寒惻惻，酒痕散盡紅潮。　　周郎去後，早經年，檀板全拋。便約住流霞，吹圓缺月，那解魂銷。剩有紫雲舊譜，簪花字，細認湘豪。問清淮橋畔，玉人今是誰敎？

南歌子 種罌粟

可是凌霜質，偏留隔歲看。春花秋葉太無端，領受三分輕暖七分寒。　　翠接氷蔬淺，青憐徑草殘。好邀燕子話前番，只見蕭蕭修竹最平安。

南浦 聞雁和彥聞

秋聲初寂，又征鴻淒唳，堕窗紗。卻向小庭延佇，惟見莫雲斜。一樣霜濃霰急，便雙棲，何苦到天涯。料滄江似練，數聲柔櫓，倦客正還家。　　聞說石城衰柳，映斜陽，隨處見寒雅。者是江南何許，來省舊蘆花。我有一枝鋮篆，趁盤雕，吹月向龍沙。任風高絃警，不將清淚灑悲笳。

疎影 題畫扶容和宛鄰先生

生綃乍展，訝驚春絕豔，耐到秋晚。斄尾飄紅，一剪東風，芳蹤橫被吹斷。桃鬒杏曆尋常見，渾未信，江干池館。看紛紛，敗葦枯荷，可是禁霜愁伴。　　我亦三生周昉，屏風獨倚處，離恨難遣。青塚年年，環珮歸來，認取玉容殘卷。仙城一度人閒，夢早悟，徹流輝長短。問黃花，賦入閒情，斜日幾回人散。

齊天樂 雪萼和曾容

三生不隸司香籍，芳心未開先落。玉樹塵紅，珊枝水淺，怎把希夷黏著。風窗抵拓。只吹入梅林，暫成棲託。寄語嬋娥，飛來已誤舊時約。　　天山此去萬里，願身為花幔，護他簾箔。便得重逢，也應驚看，鏡裏鬢絲非昨。浮生萍泊。早點點簪花，聲聲寒柝。打疊離魂，送嚴程朔漠。

綠意 樹珊倚此調賦冬蕉甚見惋惜戲反其意

風乾雨濕。是修篁彈後，一叢殘葉。記得秋宵，勾引愁霖，終夜妬人交睫。輞川畫裏尋常見，定耐得，霜橫霰急。怎者番，一陣狂飈，吹裂綠雲千疊。　　我本無心覆鹿，舊來事，付與蒼茫塵劫。誰倚槐根，半晌淒迷，還問南柯樓蝶。

凋年剩有鄉思在，也銷向，維摩雲笈。便翠裳，重展春心，未稱老僧寒衲。

又題李庚笙梅屋讀書卷子

三間老屋。在梅花深處，其人如玉。手展一編，知是何書，坐待鬢華凋綠。士衡擬借東頭住，柰怕見，烏絲殘幅。祇蟫魚，三食神仙，未抵淮南芳躅。　　誰嚮明湖放艇，孤山畔，飛下亭亭雙鶴。我是江干，鸂鶒低頭，穩睡一篙寒淥。逢君且徃城南去，共醉倒，旗亭醞釀。囑泰孃，但與添香，切莫勸人夜讀。

翠樓吟 十二月十五夜對月和方立

畫鼓催燈，銀泥說餅，恩恩又逢今夕。陰晴休細數，多半是清輝虛擲。良宵堪惜。又病緒離懷，愁恨堆積。重雲拆，十分圓滿，卻如行客。　　簾內，酒暖香溫，問天涯近遠，玉階盈尺。迷藏人未寢，柰都付燭奴尋覓。並刀漫拭，祇劃斷流年，誤人頭白。眉痕碧，休教帶著，隔年寒色。

鷓鴣天 遊仙一首答春木

可待文犀更闢塵，玉繩挽上第三層。調馴白鳳排仝仗，鋪穩紅雲拜月尊。　　書萬軸，酒千樽，未須靈藥悔長生。只嫌賦草忘收取，下界猶傳舊姓名。

河傳

閒坐，無那，篆煙微。芳艸天涯夢迷，請君試聽金縷衣。柳隄，落花如蝶飛。旅雁歸程天樣遠，期偏準，舊約寒。初盡月纖纖，雨纖纖，經愁是畫簾。

菩薩鬘

閒庭艸色青無數，離人只合憐芳杜。春雨太無心，春情一樣深。　　輕裙行處礙，愁煞香羅帶。蒢印卻分明，金蓮步步生。

畫樓西畔初相見，雙頭小字書千遍。交線不成行，淒迷羅袖香。　　冬郎年十五，下筆驚鸚鵡。莫雨楚江昏，真憐是別魂。

金縷曲 得儀真公手書並近詩五卷感而有作

百驛傳春信。展瑤箋，親裁錦字，雙鈐小印。前度詩篇猶遲報，夢裏珠江似鏡。又寄到，新編盈寸。我是空山羈病鶴，枉年年，天上通芳訊。知己淚，甚時竟。西園煙月餘秋影。祇浮生，受恩深淺，那堪重省。花骨仙心銷都盡，剩有星星

殘鬢。休為我，較量才命。幾度玉樓人赴召，痛應劉，宿艸緜霜凝。不材木，慰公恨。

高陽臺 寄梅史

寒戀重衾，愁生孤枕，曉窗已近昏黃。一樣彫年，看來事事他鄉。梅花最解憐幽獸，怨疎簾，不上春陽。算無端，背了東風，受了殘霜。　征鴻自是單棲慣，柰歸心難按，飛趁歸檣。見說明湖，如今也卸濃粧。青門咫尺傷心地，阻前遊，夢影蒼茫。只休忘，眼底心頭，一片波光。

青玉案

東風一昔飄香絮，春色濛濛去。不恨春來留不住，曉來人病，晚來聽雨，幾見春來處。　恩恩春餞思前度，已分春遊阻。多事青禽傳信誤，一番相送，兩番離緒，此恨無人訴。

蘇幕遮

曉雲高，春浪定。暗數歸期，鈴語聲聲應。記得年前曾鏡聽，江月圓時，看取釵頭勝。　慰離愁，憐酒病。一晌溫存，好夢恩恩竟。芳艸天涯胡蝶命，耐過輕寒，又早東風勁。

齊天樂 歸雅邀畫水同作

閒庭只覺黃昏早，無端又催暝色。亂葉頻驚，濃雲欲墮，別是一天蕭瑟。歸飛底急。怕此去江南，故巢難覓。冷落吳宮，夜寒誰在倚長笛。　天涯幾多倦翼，有征鴻最遠，來寄棲息。穎上田荒，長安信斷，容易見伊頭白。晴空潑墨，但容得攜群，頓忘凄寂。釃酒臨江，待新蟾破黑。

暗香 題畫梅

故園景色。悔等閒付與，江城愁笛。細路獨來，了了落痕見幽屐。難道西洲別後，便忘了，春衫寬窄。試看取，紙帳疎枝，寒月在簾額。　遙夕。意脈脈。念鶴徑雪深，雁路風急。一枝漫摘，彈指紅鹽又堆積。除是蕭蕭瘦竹，渾未識，江南江北。算有日，歸去也，證伊標格。

山花子

落葉蕭蕭深閉門，薰籠茗盌自溫存。易送斜陽遲上月，柰黃昏。　去定不來，

來未定，兩重心事織迴紋。可惜羅巾千點淚，不堪分。

臺城路 氷蔬

攜家一住三年久，驚心又看飛雪。氈帳燒羊，蘆簾鬥茗，未解分伊優劣。瑤英堪擷，較園筍湖蒓風味尤絕。且共圍爐，待他窗外上晴月。　　歲華格自飄忽，但頹然一醉，百感都歇。問字車來，借書信到，合與拔釵人說。春生斗室。早薑謝含辛，櫻憎內熱。積素閒庭，聽鄰柯壓折。

揚州慢

翠褶裁雲，丹砂擲米，舊游人比瑤京。有當時月色，曾照坐調笙。問司馬攀條別後，白門疏柳，可許藏鶯。便圓瀛清淺，未應飛渡雙成。　　江南三月，正楊花，初化輕萍。芙接翼文鴛，換巢新燕，不解離情。隔著湘簾丁字，相看處，爭得分明。只簾前流水，一般春去無聲。

崇百藥齋文集第十四

賦　序　書後　書

攝山採藥賦

　　吾師莊達甫徵君為攝山採藥圖，以示繼輅。繼輅久從征君遊，為能知徵君之深者。徵君抱經世才，嗇於遇，不得施，寄意林泉間，行歌採芝，同夫作者，蓋蜀莊沈冥固君子之所尚也。迺為之賦曰：

　　回青氣兮遠風，散芳馨兮奚所同。廓含秋而一顧，羌眇然兮山中。山則仰幹斗維，俯絡江渚。前蟠句曲，後躡龍阜。雲霞蔽虧，崟岑揣拄。墮石齒齒兮，荒厓嶙嶙。飛水闐谷兮，恍若有聞。深林寂以窅窊，上猨狖之所群。仙田兮靈畹，枝香兮葉短。逮紺草之可擷，及朱華之未晚。爾乃神藥奇艸，周羅駢生。黃良白昌，赤節朱贏；金鹽玉豉，珠英石精。桐君之所未錄，農帝之所不名。裳胃掛於深莽，步遲回於巉嵒。芳菲菲其未迷，磴盤盤而難上。孰好修兮在予，極勞心兮懺惘。懺惘兮眇緜，心眩迴兮屢遷。撝重滯於五難，接輕花於九仙。指若木以寫意，拾瑤草而悠然。亮覽察其可得兮，願從搴蘭而扈荃。

月影賦

　　月影圖，吾友韓子奕山傷逝之所為作也。余哀其意，為之賦曰：

　　伊桂魄之窅曖兮，周三五而復盈。嗟斯人之長往兮，永無望乎更生。瞻遺袿之在壁兮，展長簟之竟牀。飆風淒淒而入幃兮，步喈墀而傍徨。見遙天之孤

月兮，宛鑒影於中央。乍流輝之若接兮，鳥戢翼而不翔。何銀漢之可越兮，阻繇星之縱橫。撫彫闌之屈曲兮，飄輕裾而來倚。佩珊珊而傾聽兮，簾垂垂而委地。蜺恆榦而相從兮，秋茫茫而無際。

郯城縣續志序

昔在元狩，實載東封。降及天禧，天書是崇。於惟高宗，德隆三大。候不邁哉，孕虞育夏。帝曰省方，民瘼是詢。星雲麟鳳，元符勿陳。天章煥炳，湛恩龐洪。萬物慕思，與天無終。志巡幸第一。

孔式負版，姬拜民數。衛民庶哉，佚居斯懼。郯今大縣，劇於附庸。生齒既繁，詎無哀鴻。催科撫字，何道之從。皇清御宇，久安長治。減稅蠲租，億萬萬計。願良有司，慎體聖意。志田賦第二。

煌煌吉禮，疏數有經。人和年豐，奉盛斯馨。我皇稽古，特崇司命。光輝粵新，文治彌盛。旁參道藏，兼及仚真。凡茲禋祀，皆以為民。太乙漢祠，元皇唐祖。邈哉聖清，度越萬古。志秩祀第三。

郯濱東海，古風可懷。蘆簾竹閣，是名官齋。毋曰傳舍，爾瞻所集。昔賢大夫，一日必葺。講院之設，矧以育材。不植桃李，乃生莓苔。重門勿局，疏櫺自啟。咸有幽人，來置圖史。志建置第四。

郡縣肇設，粵資循良。東海谷守，淮陽平陽。淮陽臥治，黃老是遵。苟不善學，不如克勤。平陽尚猛，手擊大猾。良苗遂生，蓁棘斯拔。水懦火烈，諒哉前聞。敬告有位，勉為惠人。志職官第五。

漢舉孝秀，周興賢能。豈惟名哉，實行是徵。苟乏經術，曷不負弩。苟志溫飽，曷不為賈。郯濱東海，文瀾洋洋。遭逢清時，有善必彰。校文東觀，侍讌西清。敬蓄光彩，以副盛名。志選舉第六。

孔言十室，必有忠信。郯戶九萬，豈乏傑儁。志以節顯，績以宦成。到今之譽，志士所爭。亦有躬耕，不樂仕進。幽人貞吉，絕凶悔吝。如波載漾，如春方韶。琴靜壎和，使人意消。志人物第七。

齊魯之士，以氣節名。詩三百篇，乃遺陶嬰。嗚呼聖人，慮之熟矣。榮名有歸，反是辱矣。硜硜宋儒，刻論斯起。翦髮劓面，甚者橫死。猗嗟女士，丈夫所難。今此不錄，寥寥人寰。志列女第八。

儒林道學，分自宋代。空言既繁，古訓斯晦。東海經義，曰始后蒼。蕭也嗣興，炳何煌煌。前志往哲，兼列顏籀。郯自多賢，借才轉謬。聖清建極，稽

古右文。勉為寔學，以紹前聞。志著述第九。

惟古於辭，殊塗同歸。王盧淹忽，駢儷乃衰。東海人文，齊梁尤盛。前鮑後徐，珠輝璧映。夕秀待啟，朝華易闌。我來弔古，怊悵雲山。沂河水清，泒河水深。乘月獨往，如聞孤吟。志文章第十。

左右修竹齋詩序

《左右修竹齋詩》如干卷，吾友李慶來鹿籽著。鹿籽既歿，其弟心陔、紹仔將刻以行世，而請序於余。余受而讀之，掩卷而歎曰：人之所望於長年者，豈非欲寬其期以成吾之學邪？憶吾初識君，年十九，君二十有三。其時君方銳意學宋四家書，懸腕縱筆，如風雨馳驟。已而學唐宋八家文，即為人作碑版銘志，受諛墓金，無所讓。余嘗戲語君，昔人言文章老更成，君方少，何成之早邪？其後稍稍厭倦，專攻舉子業。南北十餘試，不讎，始頹然自放於詩酒。故君之為詩，其精心果志視學書為不逮。嗟乎！遇不遇，命也。使君輟舉子業，專力於詩文，二十餘年之中，所成就寧止於此？然君年五十耳，暴疾死，詎所料哉？於以知耄耋之未可期，而功名之不足狥也。嘉慶乙亥、丙子間，余抱痾杜門，先後為盛君孟巖、楊君星園、丁君郁茲、楊君鼎圃刪定遺集。君嘗過余，就案頭繙閱及之，商榷一二字，皆至當不可移易。曾幾何時，而君之詩亦將付刊，刊成而墓有宿草矣。夫人生數十寒暑，犇走間之，疾病憂患間之，其間精心果志致力於文辭者，殆十不及三四。而欲挾之與天地爭壽，豈非大愚然？或並此無之，奄然化去，如委土於地，棄水於江河，曾無豪髮之跡。其為可痛，又當何如！吾序君詩，既為君悲，亦未嘗不為君慰也。嗚呼！死者長已矣，吾與心陔、紹仔其將何以自勉乎哉？

五真閣吟藳序

嘉慶丙子秋冬間，余杜門養痾，無所事事，始自刪定其詩。既竟，復取訹宜之詩去三之二，命兌貞重錄一帙，題曰《五真閣吟藳》，而序之曰：

吾聞諸儒家者曰婦人不宜為詩，斯言也，亦幾家喻而戶曉矣。顧嘗有辨之者，至上引《葛覃》、《卷耳》以為之証。夫《葛覃》、《卷耳》之果出於自為之與否，未可知也，則婦人之宜為詩與否，亦終無有定論也。抑吾又聞《詩三百篇》皆賢人君子憂愁幽思，不得已而託焉者也。夫人至於憂愁幽思，不得已而託之於此，宜皆聖人之所深諒而不禁者，於丈夫婦人奚擇焉？訹宜早喪母，既嫁，事姑謹，姑憐之，時時節其動止之勞佚、衣被之寒燠、飲食之過不及而均

之，於是欣欣然始知膝下之為樂。然嚴君官三千里外，定省久廢。逮捐館舍，又不獲視含斂。涕淚嘗浮枕簟閒，余無以慰也。已而，余以負米出遊，每歲暮一歸省。發春數日，即又治裝行。柳絲帆影，黯然神傷。或霜重月寒，蟲聲一庭，孤影裒裒，諷詠閒作，於此而申之。以明禁曰婦人不宜為詩，是父子之恩終不得達，夫婦之愛終不得通，而憂愁幽思之蘊結於中者亦終不可得而發抒也。曾聖人之為訓而若是酷歟？余之窮於世久矣。誐宜既不幸而為窮人婦，凡翟茀之榮、裘珮之飾、宮室之美、婢妾之奉悉無有焉，然而二十六年以來，無幾微怨尤之意形於辭色者，彼蓋習聞夫富貴利達之不可求，而文采之傳世為無窮也。吾一婦人冀得以一言片辭坿夫子後，足矣。故雖朝餐未炊，秋風刺骨，竈嫗謗懟，鄰女訕譏，猶復琅然而長吟，快然而自喜。樗蒲絲竹之好，無以過焉。夫世之婦人耽樗蒲習絲竹者何限，而儒者之大禁乃不在彼而在此，不亦過乎！嗚呼！自太孺人之終，於今八年矣。余之奔走衣食如故也。動止之勞逸，衣被之寒燠，飲食之過不及，益無有能念之者。又屢喪其子若女，其憂愁幽思有較甚於八年之前者。後此之所作，將益多而不可禁。然則誐宜之為詩，豈誐宜之幸邪？又悔余禁之不早也。誐宜姓錢氏，名惠尊。詩古今體若干首，題圖酬應之作亦有餘代為者襍存集中。兌貞者，其弟三女。今茲年十六，好作書，學歐陽詢、裴休。後之人得此帙而觀之，當有罣然而羨窮居之樂者。丁丑新正二日。

選理齋詩序

為學之道宜何先？曰先立志。志不立，未有能學者也。志立，則雖行有勞佚、日有久暫，而必同歸於至。其有不至者，非變計於中途，即見誘於捷徑者也。戰國之世，公孫衍、張儀，孟子所謂天下英才也，以王道為迂緩而學縱橫之術。李斯求為秦相，盡棄其所學於荀卿者，而學於商鞅。若此者，皆其人之志為之也。吾聞君子之為學也，有所不願乎彼者，而後有得於此焉；亦實有所不足於彼者，而後有進於此焉。蓄吾之精，專營則贏；竭吾之力，背騖乃絀。於虖！可不審歟？夫文學之一端，詩又文之一端也。吾將與並世之人爭一日之名乎？抑如昌黎所云：「蘄至於古之立言者乎？」蘄至於古之立言者，則必因其所已言者，以求其所未言者焉，而後古人之意可得而見也。則必因其所可言者，以求其所不可言者焉，而後古人之意可得而盡也。吾見古人於千載之上，安知無人焉？見吾於千載之下，而胡以一日之名為哉？

吾友鄱陽陳子伯游，志士也。好為詩，而署其齋曰選理。夫詩不備於選，而選為尤雅。阮公之為之也，無以異於陳思也。陶、謝、江、鮑之為之也，無以異於阮公也。其異焉者，乃其所已言與其所可言者也。而謂伯游之為之獨有異於陶、謝、江、鮑乎哉？且吾觀伯游之志，非徒求工其文與詩者也。而世之足以移伯游之志，而奪之於中途，要之以捷徑者，亦非徒文與詩也。伯游行矣，循其志而赴之，得一效而眾效始可決矣。

劉海樹詩集序

今有譽劉子之詩者曰必傳，即安知無毀劉子者以為不傳？嗟乎！傳不傳，亦何可槩論。彼唐以來，所傳之詩蓋數十萬計矣。其讀之而漠然，無所感於予心者，猶之乎弗傳也。而吾且以傳自足乎哉？吾觀古之神聖賢人與夫勳勞氣節文學之士，未有不甚愛其親者也。愛其親必先愛其身，身之不存，親於何有也？愛其身必先愛其名，名之不存，身於何有也？雖然，身死而名沒，即亦已耳。所痛者，留一名於天壤之大，卒亦無有人焉。呼之如欲出，而思之於無窮，則其身之死也固已久矣。且夫一技之精能，其力皆足以及千歲，然吾得之而寶惜之者，其物也非人也，人則初無與於吾也。吾惡知夫文人之與匠氏相去幾何也，而且以傳自足乎哉？

今吾讀劉子之詩，而欣欣然如遇故人於千里之外也。及其掩卷，而怦怦然如月之西沉，如水之東逝，如落花之辭林而鳴鳥之振翼也。以吾與劉子生則並世，仕則同州，昕夕相見，握手造卻，而移吾情如此。異時者，劉子往矣，獨其詩尚存，而讀之，而思之，終不獲握手造卻，一致其殷勤。其留連想像，更當何如？而劉子之聲音形貌，乃復生於數十百年以後之人之心，而無有終極。嗚呼！此則孝子仁人不能自己之懷，不惜盡出其精微，以與後世相見者也。劉子其終勉之矣。

韓奕山詩集序

江寧韓子奕山好詩嗜酒，以傾其家。漢川劉子海樹宰天長時，僑人中見而異之，與為友相善也。天長官事簡，兩人者樗蒲絲竹狗馬之好一無所解，惟窮日夜之力以為詩。余至廬州，劉子先已改合肥令，有客數十輩，余皆識之，而韓子尤與余歡。酒酣已往，高睨大談，進退古今作者，窮極幽渺，欣然自憙，不知其身之窮且老也。余幼時讀《論語》，至夫子以縕袍不恥許子路，心竊疑之。以為仲子大賢，是區區者，亦何足深論。即聖門諸子亞於仲子者，彼其胸

中豈被服之美惡，猶有不能盡忘者邪？已而讀《孟子》而知其說也。孟子曰：「既醉以酒，既飽以德」，言飽乎仁義也，所以不願人之膏粱之味也；今聞廣譽施於身，所以不願人之文繡也。夫仲子者，實已造乎居仁由義之域，其令聞廣譽將歷數千百年而無有終極，故於舉世歆羨之事無用用其忮求。假令達而在上，亦祇自率其鐘鳴鼎食之常，而不必有所矯飾以弋名而立異，此其故豈後世披裘帶索之徒所得而窺測者哉？今韓子獨身為客，故鄉無一壟之植，一瓦之覆，窮於世亦甚矣。苟一旦盡棄所學，而學於他塗，亦何所不可自存者？顧怡然甘之俯仰閒適，方且引掖流輩以修名相規勉，亦如劉子仕雖未顯，然樗蒲絲竹狗馬之好力固足以致之。設非所樂有甚於彼者，而何以為此寂寂耶？後將有讀二子之詩而信吾之言者，故於韓子之徵序而書其端以待之。

刪定望溪先生文序

嘉慶廿四年初夏，養痾杜門，偶讀望溪方氏文，選其尤雅者為如干卷錄而序之，曰：

夫文學之一事耳，以聖清儒術之盛，一百七十餘年之間為之而工者，方苞、劉大櫆、姚鼐、張惠言、惲敬數人而已。其他若庋、若汪、若邵，輕浮蕩佚，繁瑣闇敝無論已。賢如魏禧，而往往不免於陋。此如屠沽暴富，服食器用可以上擬王侯，而必有一二端流露於不自知，乃求比於世家之中落者而有所不逮。無他，入之不深而出之太速也。雖然，五家之文，方氏為之首，其言庶幾。如孔子所云有序而有物矣。然溺宋學而詆漢儒，至言訾訾程、朱，類多絕世不祀。甚哉，方氏之陋也！夫以程、朱之賢，虛懷求道於生前，而伐異黨同，私為禍福於身後，吾恐方氏之誣罔，較之訾訾者而獲罪為尤甚也。且世之詆漢儒者，豈其情哉？漢儒實事求是，其學不能一蹴而至。惟空言性命，則旦夕可以自命為聖人之徒，故畏難者群然趨之。以方氏之嗜學，固非其倫。然觀其頌《古文尚書》，解先天卦位，行文支離卑屈，異於他作，彼其心豈不知梅賾之偽為、邵子之妄作顯然而無可置辨哉？徒以此二者程、朱之所與，己不容有異同，不得已而為之辭，故一望而知其所窮也。則皆蔽之曰陋而已矣。方氏求聖人之道於禮，可謂得其主矣，故於倫常之際，渢乎其言之足以敦薄而教忠。即以之繼清獻，祀兩廡，亦何不可者？而吾乃盡言其陋，俾學方氏之文者知所決擇。不必如方氏之於宋學，雖先天圖亦曲為之說也。而方氏之文乃益顯矣，此亦方氏刪定管荀之義也夫。

方氏記李默齋實行書後

望溪方氏記李默齋實行,而述其兄百川之言曰:人之大倫五,以吾所聞見,惟婦死其夫及守貞終世者為多。子之能孝者,差少焉;臣之能忠者,差少焉;友之能信者,差少焉。而實盡乎弟道者,則未有其人也。陸祁孫曰:諒哉,方氏之言也!雖然,君父至尊,親不可以相較。吾以夫婦朋友較之,危哉乎,兄弟之得列於倫之五也!古者,婦人不以再嫁為恥。至宋而大防始立,至於今而安之若素。苟非甚淫蕩,鮮有踰其閒者,亦以見人之私其所暱。用情之厚,必有大過於事君事親事兄交友,而後為所私者之不能無以報也。今夫不忠於君、不孝於親,腹誹心謗,諱之愈力。兄弟,吾等夷耳。慈愛之不均也,貨財之有無也,子女之賢不肖也,相形而見絀則怨,怨斯怒,怒斯爭,爭而不遂則益怒。於是日取其過惡而暴著之,以自明其不得不然。而凡所以致然者,皆出於彼之所自取。危哉乎,天下寧有日相暴以過惡而可共處一室者乎!夫婦則不然。慈愛之厚薄,貨財之有無,子女之賢不肖,皆與共之,無相形見絀之端,其隙無由而起。間有一二不相能者,則皆有以移其愛者也,其為私其所暱尤甚。若朋友,則吾之所擇焉而取之者也。其初取之而終悔焉者,絕之可也。其不絕者,固無多求也。不然,必其無間者也。兄弟以天合,其始非出於擇,而終又不可以絕。於此而求多焉,則乖矣。為之妻者,又從而是非曲直之,則益乖矣。為之友者,又從而是非曲直之,則愈益乖矣。且人之過惡,為朋友所及知者十之三四,為兄弟所及知者十常六七。以漸乖之勢羈縻於無可絕之道,日窺伺指斥於庭階觴豆之旁,而禍乃不可勝言矣。此吾之所為危也。雖然,以君子處之,無難也。夫臣之忠於君也,堯與桀一也,非擇其君而然也;子之孝於親也,夷與跖一也,非擇其親而然也。兄弟亦若是而已矣。導之使合於義者,上也。讓焉而處之,以可受容焉而使之不有其名,次也。讓焉容焉,而天下亦遂曉然於是非曲直之所在,下也。嗟乎!夫婦相詬誶,朋友相責難,或不逾時而式好焉。奈何以吾同氣之親,至使之不得自比於吾之妻與友也。悲夫!因讀望溪文而申論之,知其危則安矣。

寧化縣循吏志書後

《寧化循吏志》一卷,凡知縣十二人、典史一人,縣人吳賢湘譔。謹按先府君《編年心信錄》,乾隆七年調任寧化,上事一日,即擒治鐵尺會匪劉席玉等,論斬絞十四人。後陰爾順聚眾入署,復論絞。故終府君任,寧民無敢械鬥

者。吳君作此志於六十年後，中間水旱災相繼，俗亦日下，然卒無兇橫公觸禁網者，猶推本府君除蔬安良之所由致。昔子產論政，寬不如猛，而夫子稱為惠人。歇虖！豈不信哉？

劉席玉事詳趙青州懷玉、張編脩惠言所著府君墓誌及祠版文。陰爾順者，故劉席玉黨，《心信錄》未著姓名。伊揚州秉綬嘗為繼輅述此獄甚具，亦苐言鐵尺會餘匪而已。然吳君志中轉不載擒治劉席玉始末，繼輅嘗作書囑蔡延平鑾揚攜致吳君，未得報，不知今安在也。傳十篇，其七皆不著論，惟府君暨湯、毛兩君有之，論中補敘云：公既調順昌，以事至會城，適寧化起大獄，株連衣冠數十輩。公稔知其冤，為白大府，寢其事。公雖去寧，而造福於寧人猶若此。此事《心信錄》所無。府君生平，為人排難釋患，事多不可勝數。作《心信錄》時，年已七十有五，蓋忘之久矣。十二人者：前明一人，曰顏士蒙，仁和人；本朝十一人，祝文郁，遼東定遠人；次鄭平，上虞人；次魏四易，文安人；次湯啟聲，江都人；次趙煌，乾州人；次陳同善，三原人；次亓式願，萊蕪人；次戴永樸，烏程人；次先府君；次毛大周，新都人；次汪家祿，錢唐人。趙君以未真除，故坿湯君傳。汪君坿毛君傳。典史張肇基坿府君傳，云與公同心為治，而不詳其里居。吳君，乾隆六十年進士，官邵武府教授。繼輅謹記。

書韓文公與崔群書後

天有知乎？無知乎？其知與人相戾乎？柳子之言曰：「功者自功，禍者自禍。欲望其賞罰者，妄也。」〔註1〕此以天為無知也。莊子之言曰：「人之小人，天之君子。」此以天為有知，而其知特與人相戾也。韓子之言曰：「不知造物者好惡與人異心邪？抑任其死生天壽而都不省記邪？」則又和同二子之說，而故為抑揚之辭，殆將蓄此疑於千世萬世而終不可究詰焉。嗚呼！惟其信道也不篤，故其言天也多歧。夫六經之文，三子者亦既聞之熟矣。《易》曰：「積善之家，必有餘慶。積不善之家，必有餘殃。」《書》曰：「作善降之百祥，作不善降之百殃。」此言其常，而三子者參觀其變，變則善不必致祥而不善亦未嘗召禍，憤激之論所由紛紛也。嗟乎！躬稼而有天下，慶有大於有天下者乎？善射盪舟而不得其死，殃有大於不得其死者乎？而天果無知乎？而知果戾於人乎？且道不變，即天亦不變。皋、夔、益、稷、伊、傅、周、召、伊，

〔註1〕柳宗元《天說》：「功者自功，禍者自禍。欲望其賞罰者，大謬呼而怨；欲望其哀且仁者，愈大謬矣。」

古以來所稱有道仁人也，無不在卿相之位，非天實置之邪？雖三子者，亦必曰天也，此用之為用也。孔子周流不遇，退而定禮、正樂、繫《易》、修《春秋》，獨非天乎？天亦有變乎？非變也。天之降大任於孔子，無以異於皋、夔、益、稷、伊、傅、周、召也，此不用之用也。非惟孔子之聖為然也。自秦之將亡，至於東漢之季，韓信、彭越、周瑜、龐統之徒，身繫天下國家安危得失之重，不可謂非天之所用者矣。然而一聽其自興自滅，自生自死，曾不稍加呵護於其間。而伏生、鄭司農莘莘兩腐儒，獨抱遺經於兵戈擾攘之際，晏然老壽。卒之，微言大義，賴以不泯於後世。然後歎儒者受任於天，有不僅為一朝佐命者。此固韓信、彭越、周瑜、龐統之徒之所不及知者也。韓子者，唐之伏生、鄭司農也。天之所以用之者，何遽薄於郭子儀、裴度、李晟耶？即莊子、柳子亦非徒生於世者，而其言如此。嗚呼！抱道之君子，當其阨窮勞困在己，猶不能自信，而況他人乎！

史記萬石君傳書後

牧邱矦石慶自沛守為太子太傅，七歲遷御史大夫。元鼎五年，遂以為相。當是時，外方有事於兩越、朝鮮、匈奴、大宛，而內修上古神祠封禪，公家用不足，桑宏羊等致利，可謂多事矣。而丞相醇謹在位，九歲卒無能有所匡言，此其人何如者邪？子長不欲顯刺，而微見其意於直不疑、周文，一則曰微巧，一則曰處諂，以之附傳，而慶之為人可知己矣。非獨於慶為然也，《衛將軍傳》曰：「大將軍為人仁善退讓，以和柔自媚於上，然天下未有稱也」；又曰：「蘇建語余：吾嘗責大將軍至尊重，而天下賢士大夫無稱焉。」此其人何如者邪？乃亦不欲顯刺，而別著其例於佞幸傳之終篇，曰：「衛青、霍去病亦以外戚貴倖，然頗用材能自進。」然則青、去病幸不與李延年輩同傳，蓋亦危矣。嗟乎！國家之患莫大於君驕而臣諂，孝武之世，君之驕甚矣，而將相大臣患得患失，專以阿意取容。面折廷爭，獨一汲黯，而卒以棄外。此子長所為痛心也。不得已託於微言，以垂戒萬世，而世猶不察，以為謗書。嗚呼！豈其然哉？

與周大令書

臨莊五兄丈執事：往歲讀孫淵如觀察《東海孝婦墓碑》〔註2〕，歎其立言

〔註2〕孫星衍《孫淵如先生全集》岱南閣集卷二：（四部叢刊景清嘉慶蘭陵孫氏本）
　　國家令甲，防護修葺古昔聖賢名臣忠烈祠墓，動幣報聞。按《漢書》列
　　傳稱于定國東海郯人，其父於公為縣獄史、郡決曹。東海有孝婦少寡，亡子，

之善有四。孝婦姑女告孝婦殺姑，由於愛母，無他腸，一善也。孝婦不殺姑，則罪坐姑女，非父母所愛，亦愛之道。孝婦固痛姑以己，故自殺，欲殉姑以明不嫁，又全姑女，因誣服不復置辨，能原孝婦心，二善也。刑罰不當見賢，不用咎徵為旱。東海三年不雨，非徒枉殺孝婦，亦由不信於公，三善也。篇中但引《漢書・于定國傳》，不言孝婦姓名，疑者闕之，四善也。頃以續修郯志來此，始獲展執事所建孝婦祠，稽古興廢，彰彰善政，惟於栗主題字不能無疑。

養姑甚謹。姑欲嫁之，終不肯。姑謂鄰人曰：「孝婦事我勤苦，哀其亡子守寡。我老久累丁壯，奈何？」後自經死。姑女告吏，婦殺我母。吏捕孝婦，孝婦辭不殺姑。吏驗治，自誣服，具獄上府。于公以為此婦養姑十餘年以孝聞，必不殺也，爭之弗能得，乃抱其具獄哭府上，因辭疾去。太守竟論殺孝婦，郡中枯旱三年。後太守至，于公曰：「孝婦不當死。前太守彊斷之，咎黨在是。」於是太守殺牛自祭孝婦家，因表其墓，天立大雨，歲熟。今使者來監郡，領河隄，有宣美風俗之責。孝婦以烈死，應令甲，乃檄餙守令訪求祠墓所在，得之於郯城東五里，有康熙三十四年按察僉事塗銓立碑。守令申上其事，既為崇禮廟貌，乞為文刻石以表之云。

夫世之論史，以為孝婦之事，天人共哀之，為著靈應。惜孝婦受惡名死，責故縣史不力爭者多矣，予獨以為有三善焉。天之所以感，不旋日也。孝婦無夫與子，獨以事姑生，姑死何所適。姑先以婦事我勤苦告鄰人，孝婦被誣，不敢徑誣服以誣姑，故初辭不殺姑。驗治而不服，則罪坐姑女，或姑女無他腸，由於愛母，母所愛亦愛之，孝道也。孝婦固欲死從姑，又全姑女，故卒自誣服，則孝婦得其死，善一。于公，縣史耳。漢秩，縣佐史月奉八斛，是為少吏。見《百官表》。漢州郡有決曹掾，見《唐六典》，秩甚卑。生殺人，太守縣令之責，史掾爭不得，必縣令太守成其獄。然孝婦自服罪，即不能為之白於上，以疾去止矣，善二。後太守必素知于公決獄平，能聽于公言，祭冢表墓，善三。夫是以天為之雨，歲為之熟，于公為之，有子孫興也。使孝婦姑不死，則必不空居惡名。孝婦或為吏誣服，于公或官不止中掾，必不忍以疾去塞責。後太守不聽于公言，則不能解枯旱。天不三年旱，不因祭孝婦冢而雨，則孝婦之冤獄與孝行不顯也。其在《洪範五行傳》曰：「刑罰妄加，群陰不附，則陽氣勝，故其罰常陽。」《京房易傳》曰：「厥德不用，茲謂荒。荒旱也，其旱陰雲不雨，變而赤。孟康謂欲得賢者而不用。」是旱為殺孝婦，亦為不信于公，應經典也。傳曰：「天地之大也，人猶有所憾。」又曰：「盡人物之性，可與天地參。」夫以孝而受不測之禍，反被不孝之名。以一人刑罰不中而貽億萬人無妄之災，孝婦何辜？東海民又何辜？是則憾也。後太守悔過，而即致雨。前太守能以于公言出孝婦於冤獄，不致東海民罹枯旱之患，則前太守生一人亦生億萬人天人感應之福，又將何所止？是則補救之在人能參天地者也。今之大郡，古之侯國，各有分星。善不善，雨暘應之。政令之得失，可不思哉？予嘉洪守梧、周令履端以勤政致祥，龍蛇之歲，雨澤既渥，殆由稽古興廢之績，故並書以嘉之。又為之銘，以當迎送神之歌，曰：孝婦生，為事姑。姑既死，不惜軀。孝婦服，於公去。守聽言，其道古。雨可降，死者冤。告守令，慎厥官。冢纍纍，過東海。死孝名，閟千載。廟既新，視我文。立頑懦，泣鬼神。

《搜神記》:「孝婦周青將死,車載十丈竹竿,以懸五旛。誓曰:『青若有罪,殺血當順下。若枉死,當逆流。』行刑已,血青黃,緣旛竹而上。」又《太平御覽》四百十五引《孝子傳》:「周青母疾,青扶侍左右,四體羸瘦。村裏乃斂錢營助湯藥,母瘥,許女同郡周少君。少君疾病,未獲成禮。求青母見青,以父母為屬,青許之。俄而命終,青為供養十餘年,公姑感之,勸令更嫁。青不可,後公姑竝自殺,女姑告青害殺。吏收青,青自誣服,刑於市,謂監殺者曰:『乞樹長竿繫白旛。青若殺公姑,血入泉。不殺,血上天。』血果緣旛竿上天。」干寶、王韶之既皆晉人,去漢未遠,又二說相合,無可疑。疑者,孝婦非周氏也。前志孝婦竇氏,不言見於何書,或即元人詞曲之類,固不足據。若竟以周為孝婦,女氏之姓則周氏之女,安得復為周氏之婦?蓋孝婦之姓在晉時已佚之矣。其曰周青者,《禮》:「女未廟見而死,歸葬於女氏之郮,示未成婦也。取女有吉日,而女死,壻齊衰往弔,既葬而除。夫死亦如之。」今孝婦未嫁守節,未為合禮。然有少君瀕死託父母之重,非猶夫人之未嫁而夫死者比。雖未成為婦,而事舅姑已逾十年,故特從其志,以夫家之姓冠之,所以深許孝婦。古人下筆不苟,往往如此,非直云孝婦姓周氏也。栗主當書漢東海周氏孝婦諱青,不當書孝婦周氏諱青。夫同姓結昏,失禮之大者。即有之,猶當為孝婦諱。況漢去周未遠,理所必無。幸執事熟思之,觀察頻有書往來,亦當以此疑質也。

與方少尹書

彥聞大弟足下:得滁州所發書,伏承塗次動靜安適,幸甚幸甚!所著先母家傳,規撫范史,氣骨皆是,非徒具其形貌而已。畢世之感,如何可言。繼輅九歲失怙,先母嘗閉置之,不令出外。至年十七,應學使者試,得識丁道久、吳仲甫。歸告先母,先母察之以為賢,遂縱繼輅結客。先後獲交於祝筱山、莊傳永、張翰風、惲子居、洪孟慈諸君。二十六始出遊,依阮雲臺宮保於浙江學署者二年,依李寧圃兵備於松太道署者三年。中間曾賓谷撫部轉運兩淮,客揚州最久。先母終,又依同歲生魏曾容於洛陽。外此未嘗他往。夫不知其人視其友,孟子亦言觀近臣以其所為主,觀遠臣以其所主。繼輅學行雖無所成就,然觀其所主之四君子與其最初定交之七君子,而知繼輅之不相背馳也,或當無疑矣。此則先母之苦心,藉諸君子以大為之閒。俾繼輅馴至於勤學立品之一塗,而無由自越其畔,為道久、翰風諸君所深知深知者也。先母之葬也,繼輅乞文於海內。立言之君子,前輩則有吳穀人、秦小峴、趙味辛、楊蓉裳、孫淵如諸

先生，同學則有惲子居、吳仲倫、山子、彭甘亭、沈小宛、周箌雲保緒、董晉卿子詵、方立諸君。凡先母生平守經應變之大，詳已，惟所以教繼輅親師取友之苦心，則言之似猶未盡。繼輅與足下定交，在先母見背之後，顧知之深、辭之達如此，蓋足下習聞於道久、翰風諸君，蓄於心者久，至握管伸紙，乃稱意言之。而所以辱收繼輅於相知之末者，亦由乎此，於以見大。君子發微闡幽，引為己責，其用心在操管作文之先十數年，而傾蓋訂交亦必有所徵信於未識面之始，而非徒一時意氣之感有如此也。嗟乎！庸人役於富貴賢者，志在令名。以先母之賢，而繼輅不肖，不能顯揚造物者，乃假手於二三君子。信今傳後之文，以為尊師慕道禮賢好善之報。而天下之為人子而貧且賤如繼輅者，皆將有所藉以自贖其不孝之罪於萬一。然則足下文采之所被，與先母流風之所激勸，豈不遠乎？足下以弟服未除，今年不應鄉舉，相見未有期。謹此狀謝粵西瘴癘之地，定省著述之餘。惟清心寡慾，寶嗇精氣，不勝拳拳。繼輅再拜。

答友人書

辱損書，以僕頻年多病，勸令收視返聽，長生可求。拳拳甚厚。僕不謂世無仙人也。特以為仙人者，天下之貪人。一無所貪，以求其至貪者也。昔有人讀儒書，謀仕進，三十不得志，乃出家大雲寺。大雲寺主富貴嚴重，無有倫比。心慕之而無由伎也，則偽為瘖疾，口不能言，以手作勢，求日掃藏經閣，而寺飯之終其身。寺主諾，凡掃閣者五年。會寺主注某經成，選日升座講解，寺眾及諸檀越會者數千人，肅聽無敢跛倚者。瘖者忽越次而前呼曰：大師誤矣，經意不如是。眾皆愕，寺主亦大驚。轉叩之，誦經文如流水，陳義超絕意表。於是寺主逡巡下座，北面膜拜，請終說此經。瘖者遂以是日代寺主位，盡有寺之資財田舍。自寺主以至數千人，皆歡喜誠信，以為頓悟，而不知為所賣也。求長先者，收視返聽於窮巖絕壑之中，何以異於是？雖然，此人愚他人之耳目，以求遂其所貪，操術深矣。求長生者乃至自遇，其心術益深，貪亦滋甚焉。抑吾不知彼仙人者無益於天地萬物，徒私其身，塊然而長存，孑然而獨處，果何所樂而堅忍困苦以求之也？是以君子並日為學，有假年之思，令德考終無繫戀之苦，足下以為何如。

與友人書

伻來言所治地僻而土瘠，城中居民不及百家。大府以足下曾任繇劇，才大不可以簡縣屈。若以治獄留省中待遷其可，足下遂瞻徇不行。僕聞之未以為信，何

者？地僻則官無犇走迎候之勞，可專志為治；土瘠則民無驕奢淫蕩之習，而教令易行。此正宜足下所樂。乃自春徂夏，猶未上事，是非徒有所瞻徇而實自薄之不屑往也？果爾，則足下之才，方今郡守監司不逮什百者何可數計。而足下乃浮湛縣令，將並薄之不為耶？向在京師，見牧令謁吏部出者，欣戚之意判然見於顏色，叩其故，則曰某地官富，某地貧。訟言而不諱，吏習如此，可為深歎。豈足下胸中亦有此等較計未能悉化耶？抑別有他故？望即裁答，毋令久蓄此疑。幸甚。

與趙青州書

味辛仁丈閣下：海內文學之士想望大集，如饑渴之於飲食，非一日矣。而閣下勤於修業，緩於求名，遲之又久，至今年逾七十，始謀刊版行世，宜其文之氣斂而律謹，精嚴帖妥，無憾可擊也。乃猶不自信，先以抄本屬之繼輅，諄諄以大加芟汰為言。繼輅雖不敢當此，猶將索瘢割愛，去其一二平近之作，以副閣下不恥下問之盛心。然嘗論之。書契以來，文之美善，至孟子而止。荀、揚大醇小疵，雖經昌黎論定，卒不能無異議，況其他哉！故君子之於文，亦自竭其才與識焉已耳。後世之毀譽，非所計也。若斤斤焉譽之是趨而毀之為避，則必有所遷就畏縮，而才與識皆無由以自達其於文也，不已陋乎！且文之存，有以文存者，有不以文存者。或志交誼，或記舊游，此又非他人所得而與者也。又辱詢駢散二體，大抵分作兩集，惟柳州以駢體次散體中，今仿其例，究以何者為是。夫文者，說經明道、抒寫性情之具也。特文不工，則三者皆無所附麗，故剳記出而說經之文亡，語錄出而明道之文亡。何者？言之無文，則趨之者易也。既已言之而文矣，江、鮑、徐、庾、韓、柳、歐陽、蘇、曾何必偏有所廢乎？治古文者往往薄四六為不屑為，甚者斥為俳優侏儒之技，入主出奴之見，亦猶考據辭章兩家隱然如敵國，甚可笑也。大集出而吳越一家矣，雖創為之可也。至書之有序，所以序明著述之本意，非多輯諛辭以驚愚而飾眾也。大集錄蓉裳丈一序足矣。穀人先生、虛菴、松如、子居、山子、晉卿及繼輅又七篇，而晉卿最佳，然亦祇自言其所得於閣下之文，固無與也，愚以為可盡刪也。如以子居、穀人已歸道山，不忍棄，即虛菴以至繼輅諸作，他日亦必見於其人之集中。過而存之，亦無不可。卜子有言：「大德不踰閒，小德可出入。」閣下之文，氣斂而律謹，精嚴帖妥，無憾可擊。望溪、堯峰之間，當可高柔一座。讀者顧以序文太多，而薄之、而置之耶？必無是矣。凡此皆一言可決，而閣下

詳審太過，其弊與果於自信者將毋同？率爾而對，未識以為然否。

與梅葛君書

葛君足下：繼輅不至江寧十八年矣，而足下久客於彼，宜足下與繼輅之不相知也。頃來廬州，得識鄱陽陳伯游，亦初不相知，而一見即相愛，終日扃戶論說，間及海內文行修潔之士。繼輅為言大興方彥聞，而伯游為言足下，因各出其文以相示。足下之文頓挫清壯，有曹子桓、劉越石之風，與彥聞、伯游絕相近，因而有以窺見足下之志。願得一見，以徵信足下之言，而益敏其所未言，亦如伯游之於彥聞也。雖然，彥聞、伯游年皆未及三十，他時相見於京師，蓋計日可待。而繼輅絕意仕進，匏繫於此，足下寧能扁舟溯江，訪繼輅於灊湖煙水閒耶？此繼輅之傾慕足下，方之伯游之於彥聞，而有過之者也。繼輅生九歲而孤，賴先母以長以教，其事略具所述年譜。自傷卑賤，不能顯揚。然魏文帝有言：「榮樂有時而盡，未若文章之無窮」。竊以為賤者之顯揚，當在於是。方今蓄道能文之君子過蒙哀矜，銘告傳誄，有請輒獲，惟畫像未有贊。古祭重尸，雖男子亦無畫像，況在婦人！然如《論衡》所引「休屠王子翁叔母死，武帝圖其像於甘泉殿」，是西漢即已有之。且如「君薨，卒哭而祔，祔而作主」，《左傳》杜預《註》：「凡言君者，謂諸侯以上。」《禮記》鄭《註》亦言「士大夫廟無主」。其說甚明。今世士大夫遂可援此訓，而不為親立主乎？則畫像之必不可廢亦明矣。足下若為一文，益發明從宜之義，而以先母言行綴於篇，不徒使繼輅子孫每一瞻拜，輒相與誦述懿德，異日讀足下文集者，又得與所見諸家銘告傳誄相引證，而先母之傳世乃真永永無極矣。此繼輅之大願，雖一日填溝壑，終不獲見足下而可無恨也。夫人子稱善於親，何所不至？《年譜》，繼輅之私言，恐不足取信於足下。輒並上孫淵如先生所作傳及伯游年譜序各一通，淵如亦足下友也。足下以信淵如、伯游者信繼輅，宜可無悔，惟足下採擇焉。世有賢母如先母，而為文以傳之，抑亦足下蓄道能文者責也。繼輅與尊君同舉於鄉，為群拜紀古之人。有行之者，豈敢以通家子弟遇夏侯太初哉？而顧必及之者，亦以見求足下之文之非無因也。臨風延佇，辭不宣心。

與陳伯游書

伯游大弟足下：病中三奉手簡，問繼輅近讀何書，未及肅復。前日乘白敬菴大令之便，附去子辨篆書楹帖，計無不達。繼輅好文而不好學，雖日日展卷，實於心性了無所益。以至肝病屢作，頃已小差，乃恃藥物疏通，非能平心養氣以

道勝疾也。既深自愧悔，益致煩懣，如何如何？日來偶讀王氏所輯易鄭義，多所未喻。如「再三瀆」，《說文》引作「黷」，水不清也。蓋《蒙》以二為主，五順而巽，不違如愚，童蒙也；三惑於上，四遠於二，二三其德，瀆蒙也。彼已為出山之濁，而我何以往教乎？故不告也。乃訓作「褻」。「其邑人三百戶無眚」，《周禮》「馮弱犯寡則眚之彼」，《注》：「眚猶人。眚，瘦也。《王霸記》曰：『四面削其地。』」此「眚」字正與同義，乃訓作「過」。又「剝牀以辨」，足、辨皆屬牀言，故崔憬云「辨，牀梐也」。茲云近膝之下為辨，是已。剝膚矣，何獨於四為切近災乎？「晉如鼫鼠」，《說文》：「鼫，五技鼠也。能飛不能過屋，能緣不能窮木，能游不能度谷，能穴不能掩身，能走不能先人。」《顏氏家訓》所謂「鼫鼠五能，不成技術」，即此物也。《九家易》曰：「游不度瀆，不出坎也。飛不上屋，不至上也。緣不極木，不出離也。穴不掩身，五坤薄也。走不先足，外震在下也。五技皆劣，四爻當之。」茲訓作「大」。「惕號莫夜」，九二變離，離在西，兌下日莫之象，茲讀作入聲。皆於卦象未合。又如「君子以除戎器」，除即除吏之除，《釋文》本亦作「儲」，茲乃訓作「去」。如以去戎器為戒不虞，不且為秦人銷鋒鑄鐻之所藉口乎？不然，亦《莊子》剖斗折衡之怡也。因疑鄭氏著述太多，《易》學或非所長，聊以質之足下，徒使足下知繼輅尚能繙書操管，疾不足憂而已。以云好學，則孔子之稱顏子，乃以「不遷怒，不貳過」當之。蹉跎遲暮，如何如何。索書舊詩及令弟索題畫冊，容續上。

崇百藥齋文集第十五

記　辨　說　戒　銘　贊　辭

怡園記代齊北瀛太守作

河南府署西北隅，向有蔬圃三畝許。余割其半蒔花疊石，為公餘賓客談讌之地，名之曰怡園。園北有一亭南向，余易而東之。方寒食節後，農家望澤久，亭成而雨大集，因取蘇文忠《喜雨亭記》中語，署曰吾亭。適成，吾亭之東北竹屋如艇，緣艇右旁歷級而升，有平臺在艇上，宜月下布席小飲，署其下層曰天際歸舟，蓋非徒形似而已。往余持節使琉球，上賴聖天子威靈，往返厪六閱月。然重洋之阻，出險心驚。古使臣勤於王事，違侍定省，淹留久長。今以大海波濤不可預期，以歲月而報命之速如此，不可謂非幸也。抑余嘗考我朝故事，由詞臣奉使，自汪舟次先生始，時康熙二十二年也。越二十七年，先生出守河南，李漁仲先生為文以餞，謂太守能宣上德意以恩澤及民，絕勝浮沉翰苑中某年成、某書、某年典、某省試，其言甚偉。余與舟次先後官翰林，先後充中山冊使，又先後為河南守，一一相合，而舟次文章政事卓然可傳，庶幾無媿漁仲臨別贈言之怡。余自膺簿書以來，于今三年，碌碌無所建樹，乃欲藉一花一石冀附平泉獨樂之後塵，其可媿也夫！

李太夫人畫像記

李太夫人，蒙城縣人，誥封武功將軍常州營游擊加二級遴甫張君元配也。武功君好善，有以緩急告者，必滿意以去。歲荒疫，必出廩粟賑饑者。其死者

無以斂，則施以棺，葬則施以地。蒙城故無書院，君捐千金，設義學。久之，遂傾其家，稍稍不能行，太夫人益贊成之，盡出所私積為助，至典質裘服無倦容。太夫人之歿也，子殿華四歲，次兆鳳，甫再周。時蒙城適無工畫者，倉猝不及延致他邑，遂未有遺象。殿華每歲時致祭，輒號慟。逮官常州營游擊，距太夫人之亡垂四十年矣。始得善手，急迎武功君至，口授使圖之，凡十數易而成。武功君曁臧獲之及侍太夫人者，皆悲喜泣下以為神似。嗚呼！殿華之永慕，既有以召神明之助，而太夫人之樂善好施，其靈爽亦必有存焉者，故能感格於冥漠以成此奇也。而豈偶然者哉？豈偶然者哉？繼輅與殿華交相善，熟聞太夫人淑德懿行，又親見畫像之成，遂為記其事，書之幀端，以示張氏之子孫。

五老圖記

五老者，前邠州知州莊君、荊宜施道崔君、徐州鎮總兵官樊君、合州知州龔君、青州府同知趙君也。莊君年八十二，崔君七十五，樊君、龔君皆七十二，趙君七十，並康強健飯，能高吟豪飲，如其少壯時。每有讌集，里之人得與於會者，必誦其詩篇，述其觸政，轉相告語，以為美談，然未專為五老會也。嘉慶丙子仲冬，樊君始創為之，且曰不可以無圖。圖成，以示繼輅。繼輅於是奉觴而言曰：昔在乾隆四十餘年，先君子罷郡歸，儲梅夫宗丞、蔣蓉盦侍御暨趙君之先府君緘齋刑部亦先後致仕，文酒之會甚盛。繼輅垂髫時，猶及見之。其時莊、崔、龔、趙諸君以通家後進，撰杖執爵維謹，亦如今繼輅之於五君也。文采風流，奕世相輝映，此誠仁里德門善慶之大者，而非徒科第仕宦之相承於弗替也。方五君之仕也，政事勳績既卓然有所建白；及其歸也，刪訂所著經義詞章，又皆足以信今而傳後。後之得此圖者，按名而求之，孰循吏，孰名將，可以一一指數。然則斯圖也，五君實自傳之，而非圖之傳五君也。抑非五君者，或附一二人以傳，如香山諸老之於白少傅也。或者曰以五君之康強健飯，高吟豪飲，其精氣必有大過人者，使猶掛仕籍，必能精訓練，勤撫字，以期克稱厥職。而皆淡於榮利，守知足之戒，故能從容頤養，不為寵辱所驚，而與松喬比壽也。或又曰君子之仕也，常難進而易退。老而求息，中人之所能，不足為五君譽。五君者無所歉於仕之時，故無所悔於仕之後。中懷坦蕩，不與壽期而壽自永也。是說也，繼輅兩然之，遂並書之卷中。莊君名炘，崔君名龍見，樊君名雄楚，龔君名際美，趙君名懷玉。樊君，湖北襄陽人，以公子官常州通判，就養署中。崔君，故山西永濟人，今居於常五世矣。陸繼輅記。

蘭陵清讌圖記

右《蘭陵清讌圖》，丹徒徐道士體微為新建余鼎伯溉作。余以嘉慶丁丑識伯溉於京師，伯溉方偕張宛鄰、祁春圃主滿洲章佳氏，居東華門外左廛，而余與魏曾容、方彥聞寓宣武門外委巷中，相去幾十里。炎風烈日，揮汗如雨，數人者無三日不相見，見則解衣縱譚，連日夜不倦。已而，余與春圃、彥聞、曾容先後出國門，宛鄰、伯溉留京師。忽忽再易歲。己卯三月，伯溉將歸武昌，道出常州。州之人與伯溉雅故者，以次觴伯溉於艤舟之亭，伯溉為留四十餘日，聚首之歡，於斯盛矣。往余嘗與劉子受論古今朋友之變，以為古之友有聚而無散。《易》曰「拔茅茹，以其彙」，蓋賢人君子出則相與薦引以登於朝，處則相與勤力以耕於野，故質家言三綱，不言五常，非略也。朋友統於君臣，猶兄弟之統於父子也。春秋之世，人才萃乎孔氏之門，而顏、閔、游、夏之徒或仕或不仕，始有各行其志者，皆不及門之歡。古今離別之悲，莫深於此矣。夫以聖人見道之大，猶不能不欣戚於聚散，抑其下焉者乎！伯溉，故浙之諸暨人。以先人官江西，有遺愛，遂流寓為南昌人，固非有田宅生產也。會所親官楚中，挈妻子往依之今之武昌，其果可謂之歸焉？否耶？余以大挑次等旦暮當得校官，輒輟禮部試，平生故人繫官中外或流蕩江湖間，相見日益不易，況不恒其居如伯溉者哉！宜此別之悲較丁丑國門之別為尤甚也。抑余聞荀子之言曰：「其為人也多暇日者，則出人不遠」，此古人之言也。今之人不然。其為人也無暇日，則出人不遠矣，何者？凡可以妨吾之學者，無弗徇也。伯溉行矣，繼自今其少暇已乎。果爾，余與伯溉宜何如相勗勉，以副臨別惓惓之意，而區區聚散之感，殆又不足言耶？伯溉曰善，遂書其圖而歸之。圖中官斯土者，蒙城張殿華麗坡、宛平王慶椿茂園，寓公吳江吳育山子、州人趙懷玉味辛、莊綏甲卿山、李述來紹仔、張若曾雨堂、盛思本小巖、管繩萊孝佚、楊大鏞伯厚，益伯溉與余暨余兄子耀遙、紹文，都十三人。艤舟亭在東郭外，相傳蘇文忠泊舟處，後人因其蹟而增葺之，有水石花竹之觀，即圖中景色是也。

求艾齋記

吾友管子孝佚署其讀書之室曰求艾，而徵記於余。余思之竟日，而未得所以為言之義。何者？求艾之喻，本於孟氏，非若後儒之言，可以別進一解也。將即孟氏之指而衍說之，又非管子所以徵記之意。既而思之，夫言亦各有當耳。吾言之而管子擇之，固非作孟氏義疏也，庸何傷？於是言於管子曰：吾東鄰之

子，體羸而善病，蓄藥甚富。余語之曰：子無以蓄藥為也。天下之患，恒中於所恃之深，而出於所備之外，吾惡知夫子之疾不由於藥之富邪？子惡知夫他日之疾之所需不將索之今日所蓄之外耶？子亦務培其元氣而已矣。或曰：子之言疾也，則無以易之矣。然管子之云求艾者，非真求艾也，以喻學也。學顧可不豫乎哉？余應之曰：學則胡可以不豫也。雖然，揣摩之術有變計而輒窮者矣，客將惡乎用？其求而後挾之以應世之求耶？抑所求亦不必皆備，而特以覘夫求者之適逢耶？管子曰：善哉！吾知其本矣。明日，管子北行應京兆試。遂書之以為《求艾齋記》，兼以志別焉。

劉雲山畫像記

雲山劉君，前明諸生。好《素》、《靈》之學，學成而術不顯。語人曰：吾聞一介之士，存心愛物於物，必有所濟。吾託業卑，顧愚不自量，欲為一世消疵癘，樂壽康。其始願也，今既不遂，將行其志於身後耳。已而果見夢於吾縣之某氏，篤疾以瘥。某氏感其德，為塑象於城隍祠左側，於是有禱輒應，霛異大著。夫鬼神之有無，儒者所不道。然古之君子，道不行於時，鬱鬱以終者，何可勝悼。吾方將神奇其說，以益堅豪傑之志而伸其氣，又況劉君之事之信而可徵者哉！

君諱朝宇，江陵人，其詳具吾縣志。吾縣人無少長皆習聞之。吾友孫讓於丕以母夫人春秋高多病，畫君象而事之。吾既壯君不負瀕死之言，又感孝子無已之思，為題其象曰：

猗與劉君，生亦有涯。君之紬於前者，曾幾何時，而伸於後者，乃無窮期耶？尚使世之事親者盡克蒙其福，而余悔奉君之不早者，徒掩卷而有餘悲耶？

劉秋湄道服畫像記

同里劉秋湄倩畫工圖其貌為道士服，而乞言於余。余叩其故，仰而笑，俯而不答。蓋秋湄負幹濟才，自弱冠以後，即思於世有所建白。顧屢擯於有司，年垂四十，始以主簿，需次關中。關中方多事，需才急。秋湄至，當有能識之者，故於其行也，朋舊相慰勉，謂君必見用用矣，何必科目。秋湄亦自喜得所往，應曰然。數年新兵滋，事事平，議敘者若而人，秋湄不與。又數年，飢民滋，事事平，議敘者若而人，秋湄復不與於是。知遇合之有命，而知己之不可以強求也，遂請急歸。歸一年，而為此圖，得毋侘傺感憤之氣未盡平於胸中，

而將託於神仙荒幻之說以自樂而終老耶？夫神仙之為有無，其說多矣。吾獨觀於李林甫而知之。林甫初未貴，有道人將授以沖舉之術，林甫不欲，卒為宰相，幾傾唐祚。以林甫之陰賊險狠，驕淫汰侈，道人奚取焉？然使林甫以得仙，故不為宰相，則天寶之世可以不被其毒。小說家所傳盧生，其人賢不肖雖未可知，然觀其夢中所為，亦一林甫也。使不得仙，且為宰相，以覆唐祚矣。然則神仙者，乃天所特置之一塗，以陰收天下陰賊險狠驕淫汰侈之徒，使自屏於人事之外，不得逞志以流毒天下者也。秋湄幼識忠孝之字，壯讀聖賢之書，其不為神仙也明矣。而何以託為？或曰秋湄之初欲仕也，非以為利達也。今既不稱意，方究心於《靈樞》、《素問》、《金匱》、《玉函》，以抒其存心濟物之願，故為此圖，以見志焉。嗟乎！醫之黜於不知己，何以異於仕哉？使秋湄之醫而果得大行，是即道之行之機也。吾終願秋湄之出而仕也，遂書其像而歸之。

亡女君素畫像記

此亡女君素畫像也。嗚呼！豈其然哉！君素眉目位置，余視之宛肖其母，而他人俱言酷似余。昔濟尼論顧家婦清心玉映，自是閨房之秀；王夫人神情散朗，有林下風氣。而南陽劉柳與謝道韞譚，亦云風韻高邁，敘致清雅，使人心形俱服。嗚呼！此豈俗工之所能髣髴者耶？君素有夙慧，七歲，其姊翦方寸紙，紙書一字，教以四聲。比年十五，學為詩，音律諧適，姊反不逮。又喜作畫，嘗畫古俠女木蘭、聶隱娘十餘輩，皆有生氣，而衣裳綺麗如模繡。今並遺稿藏篋中。余嘗語君素：惜汝非男子，不了乃翁事。君素亦自恨，每私於姊曰：昔人言願為人兄，以事父母之日長也。今乃不幸作女，吾欲即死，更投為阿母男。因悲泣瀕絕，復言之其母，冀其有徵也，以砆書其掌。今忽忽七年矣，豈復可望耶？嗚呼！蓋終無望矣。君素幼字同縣洪氏，其葬也於洪氏之鄐。董君士錫，余妻祖姑之孫，為銘納諸壙中。余欲自為一文，輒心孤氣結，不能舉其辭。偶夏日曝書畫，見此幀，展閱之，懼他日不及見汝者，遂以為汝也。制淚書數字其上。嗚呼！使汝未病時自為之，當必有異，彼俗工何尤焉。憶余在洛陽，得汝凶問前一夕，夢汝來別，有雲氣拂拂，出衿帶間。旦日告汝從外祖錢六丈，方相向驚疑，而家書至。汝母固意汝非人閒人也，汝又寧肯留形貌為無窮之因邪？然以余之孑然於世，而忽獨與汝相值，抑又何也？余既不屑遁於老莊仙佛之說，以自愚其心而紓其痛，則於汝畫之似與否，其卒安能釋然於懷也？悲夫！嘉慶二十三年六月三日書。

郡齋公讌圖記

　　嘉興錢公治廬州之五年，歲稔而民安，案無奇衺鬥很之牘，於江北八郡最稱上理，得以從容多暇，與僚屬為文酒之會，月一再舉行以為常。公性不飲，而好蓄酒器。每有宴集，輒設長幾，臚列其上，聽人自量其飲之多寡，以擇器之大小，各以醉為度。間出先太傅文端公所藏金石書畫，俾輟飲縱觀之，公從旁指示真贗高下，皆有精鑒。還入座，復飲，極歡而罷。一日，飲辛夷花下，首為五言古詩一章，前宣城令查君揆、合肥令劉君珊，暨幕中文學之士查君安賜等咸有和作，而柘皋巡檢張君宜尊為之圖。繼輅謬以詞章受知於公，命記其後。乃言於公曰：「方今名卿鉅公，黜奢崇儉，其清操亮節，足以表帥一世。而風裁嚴峻，以言事上謁者，一二文弱之吏，或至變色易容，改其常度。如公之寬平樂易，人得盡其辭，辭得盡其意，豈徒文端之風去人未遠，而於以通下情而集眾議，交暢之氣，天和應之，雨暘時若之床，蓋徵於此矣。且古之君子，難悅而易事，可親而不可慢，固如此也。」公笑曰：「有是哉！抑非余之所敢承耳。」繼輅退，遂書之卷中，以為公讌圖記。時嘉慶二十五年二月日也。

簀谷圖記

　　人情於所不易致之物，則其愛之也逾篤。若夫竹之為物，似非甚難致者，然少陵自言生平棲息地，必種數竿竹。究之，足繭萬里，曾無一日科頭緩帶，徙倚於新篁叢筱之間，為可悲也。吾所見竹之多，無過錢唐之雲樓。後入都，百物具陳，獨求數竿竹不可得。使以雲樓之竹分萬一於京師，雖瑤林璚樹，何以過焉。然王公邸第間有移植，卒不能向榮，而雲樓之竹又幾幾乎以多而不見貴。吾不知竹之性，其終向榮於不見貴之地以為樂耶？抑支離顑頷於沙礫之土，以少見珍之為愈也？

　　吾友查子伯葵酷好竹，而家於海寧，去錢唐一日程，致竹易易。其為此圖，固非若少陵以空言遣興也。吾又不知竹之性，寧與伯葵習而相忘邪？抑姑與伯葵別，俾不得見而致思焉之為尤惓惓也？竹不能言，還於伯葵質之矣。

包孝肅畫像記

　　余髮未燥，即知古之人有包孝肅者。其人，神人也。已而，又從樓觀畫壁覩公狀貌，益悚然異之。私念從古非常之人，必其具非常之表者也。稍長，讀《宋史》至公本傳，而幼時所習聞一不見焉。於是並公狀貌不之信。頃來廬州，既謁公祠，復從公末孫士毅求得公遺象而拜焉。而後決知向之所聞與

其所見，皆非真孝肅也。吾聞有慕傚狄武襄者，一日得其銅面具而寶之，以
為如見武襄矣。不知面具者但可施之於戰陣，而非可用之以臨民者也。且夫
伏犧牛首，女媧蛇形，而孔子如俱頭。三聖人之所以為聖，其以牛首、蛇形、
俱頭邪？其不以牛首、蛇形、俱頭邪？然則孝肅狀貌醜怪，即如世俗所傳，
孝肅之為孝肅固不在此，而況其否耶！世徒以狀貌求孝肅，而所見之狀貌復
非其真，此與寶武襄面具者相去幾何。遂從士毅假歸，使工仿而藏之。嘉慶
二十五年二月日記。

記顧眉生畫像

相傳柳如是勸錢謙益死難甚力，錢不能用，而龔端毅之復仕，乃以顧眉生
故。然方望溪記黃石爺逸事，則云李自成破京師，顧要其夫同死，夫不從。望
溪謹於文，其言必有所徵信。是眉生無媿柳氏，而橫被惡名，可哀也。雖然，
眉生既深明大義，不克成端毅之美，則必願為端毅分謗，而不忍獨求白於後世，
以益彰其過其心，可推而知也。柳如是畫像，多見於詩文家歌詠題贊，而眉生
無聞焉。頃來盧州，偶得之，輒為表其微如此。士君子身處不幸，甘心自毀其
名而無怨者。嗚呼！又可勝悼哉！

合肥忠義祠重修記

繼輅以嘉慶廿四年十一月廿三日至合肥，謁忠義祠。屋三楹，半且圮矣。
以告縣人王君葵、程君箴。二君皆曰：敬諾，固將葺之矣。即日輸私財為倡，
而故家之有先人祀祠中者，復釀貲助之。逾月，集錢三萬，因得盡易其樑柱之
朽敗者，計可支三十年。夫勢利盛而氣節衰，寺觀盛而學校衰，相為乘除者也。
然學校之衰，不自學校始。凡諸忠義節孝鄉賢名宦之祠，聽其頹廢而莫之顧，
斯學校隨之矣。《易》曰「履霜，堅冰至」，蓋言漸也。嗚呼！可不懼哉？工既
竟，設祀成禮，並書其事於石以告。三十年後之人，知必有勇於為義如二君者。
此氣節之所以長存，而人心之所以不死也。訓導陽湖陸繼輅記。

輕諾辯

輕諾者，必寡信。斯言也，人人以為大戒。嗟乎！輕諾亦豈所望於人人
哉？有人於此事方急，不能自謀也，而謀之於友。友謝之而無辭也，則曰：
此非吾力之所能任也。吾今諾子而事不果，吾何以見子矣？子盍他圖焉？斯
人也，於事無所補，而多此一慚，其心益皇然矣。有人焉，憤其友之不為力

而奮然任之，則欣然以行，隱然有所恃。至明日而不果於事，誠亦無所補，而前日之一慚固已為之泯其跡而紓其憂矣。此其恩與諾而信者一間耳。信也者，諾之後之事也。諾且不可得，而遑責其信邪？且夫信與不信，非諾者之所能逆覩者也。天下亦安所得萬全之事而籌之也哉？忠臣之謀國也，其始願皆期於撥亂而返之正，然而勢窮力絀，徒以身徇，負其夙心者，何可勝道！如以輕諾寡信之律繩之，則將曰此非吾力之所能任，而高飛遠引者為不輕諾也。反顏事敵者，為不輕諾也，而豈其然？夫人心之日趨於薄也，無愧乎孝悌者，蓋十不得五六焉；其睦婣任卹者，十不得三四，十不得一二焉。故貧富日益相耀，而睚眦之怨積為仇讎，仇讎相為里閈，而戾氣乘之矣，豈不深可懼哉！故曰輕諾者未可厚非也。寬之以或信或不信，而諾者猶難其人。責之以必信必不可不信，而尚有能諾者乎？彼多方以謝者，方以寡信之說文其不諾，而奮然身任者又以能諾之，故陷於不信。是杜天下睦婣任卹之機，而使之馴至於仇讎也久矣。夫旁觀之易為言，而孤孽之難為諒也。或者曰：如子言，則以緩急告者皆諾之至。明日而謝之曰：事不果，非吾始願也。可乎？曰：此則身受者之所能辨者也。天下豈有處心積慮成於不信而能以諾市者哉？是又不諾者更端之飾說也。

謙儉二義說

世俗動稱謙與儉，始吾信其皆美德也。既嘗就其所謂謙與儉者，求人材於其中而不可得，始曉然於世之謙者非謙而儉者非儉也。其所謂儉者奈何？曰慎毋用財而已，是吝之變辭也。天下之導吝者，莫儉若也。其所謂謙者奈何？曰慎毋忤世而已，是諂之飾說也。天下之導諂者，莫謙若也。今夫子弟之俶儻不凡庸者，其性恒奢，彼父兄者習見夫吝之可致豐厚也，而吝不可訓，故束之以儉，儉則聖人之言也。蓋至聲色狗馬，去之若浼，而戚族之飢寒非所恤矣。子弟之慷慨有志節者，其性必傲，彼父兄者習見夫諂之能致通顯也，而諂不可訓，故誘之以謙，謙則聖人之言也。蓋至頤指氣，使受之若素，而國事之得失非所徇矣。上焉無補於國事之得失，下焉無益於戚族之飢寒，此其人為有乎？無乎？生乎？死乎？然則天下之人材，其斲斷於儉與謙之教者何可勝。惜哉！昔范文正聞其子遇石曼卿之喪，曰：「何不以麥舟與之？」〔註1〕蘇文忠曰：「士

〔註1〕周輝《清波雜志》卷八：

范文正公在睢陽，遣堯夫到姑蘇般麥五百斛。堯夫時尚少，既還，舟次丹

患不剛耳。長養成就，猶恐不足，顧憂其太剛而懼之以折邪？」〔註2〕嗚呼！古君子之所以為教者乃如此。

棄鏡說

陸子客洛，購漢晉元魏鏡百枚。間日一拂拭之，不自知其忘寢與食也。已而，將歸攜之，懼為累，以告其友。友曰：子不見夫鳥乎？方其鳴於林也，吾欣然而聽之。其去也，漠然置之無所用。其護惜也，蓄之於籠，則護之矣。護之不謹，而去則悵然而惜之。何者？鳥之蓄於籠者，吾之私焉者也。夫天下之物私於一人者，皆其不可長保者也。陸子曰：善！盡棄其鏡而行。

　　　　從子劭文客關中久，蓄碑甚富，令將捨之而歸而未決。吾為追
　　述吾向者之棄吾鏡也以決之。自記。

譽戒

譽近厚，毀近薄，不侔也。而夫子並言無之，又申之曰：其有所試，益於譽加慎焉。嗚呼！聖人之慮遠矣。吾今而知譽之禍人烈也。吾性好譽人，嘗見某生文以為佳，而譽之於吾友。吾友者，素以吾言為可信者也，而以女字之。數年，某生耽於嬉，盡廢所學。吾友微有聞，則攜以之官，閉置之，使不得逞。某生窘，詭為父書，請離昏而歸其子。其悖謬至此，吾聞之而怦然，心以不寧也。吾惡知某生者非隱恃吾譽，始耽於嬉而廢學也，是吾以譽禍之也，而禍吾友之女，則猶其顯焉者也。必也，如夫子之不失聽而後譽，可得而試也。作《譽戒》以自責焉，亦冀某生之聞之而卒改其行，以薄吾之責也。

都門厲室銘

得太孺人手書，諄諄以節飲食、慎言語為訓。因述二銘於座右，出入省視，庶幾如在郄下爾。

已醉乃悔，明日復醉。

口有鋒，戕汝躬。

陽，見石曼卿，問：「寄此久如？」曼卿曰：「兩月矣。三喪在淺土，欲葬之而
北歸，無可與謀者。」堯夫以所載麥舟付之，單騎兼程，取捷徑而歸。到家，
拜起，侍立良久。文正曰：「東吳見故舊乎？」曰：「曼卿為三喪未舉，方留滯
丹陽，時無郭元振，莫可告者。」文正曰：「何不以麥舟與之？」堯夫曰：「已
付之矣。」
〔註2〕蘇軾《蘇文忠公全集》東坡後集卷九《剛說》。

周南書院廎室銘

亭亭瑤林，非鷃曷棲。英英香艸，寸根不移。何以卻疾，飲芳食菲。何以延年，沐元浴微。懷哉斯室，既安且夷。敬業以勤，樂群而嬉。佛戀三宿，莊適一枝。永朝永夕，云胡不思。惟屋有鳥，惟木有蓂。用告後來，眡此銘辭。

文泉銘

嘉慶十有七年，太歲壬申八月，知洛陽縣魏襄重修文廟。落成復，濬一井于大成殿西偏四一同宮之方，署曰文泉。其友陽湖陸繼輅客遊至此，喜襄之勤於事也，為之銘曰：

洛陽文學之藪，而胡今之少衰邪？意者振興之乏術，而非盡多士之尤邪？斯井既鑿，文瀾洋洋。後之過者，曰此魏公井也，亦庶幾芒山之高而伊水之長。

合肥學舍銘

汝弗學，胡以教。

十五鏡齋銘

欲無病，縣十五鏡。鏡光明，身康強。

桑匦銘 為查君安賜作

晝讀經傳，夜觀列宿。箕星長明，與目同壽。

劉醇甫畫贊

矯矯醇甫，其猶龍耶？人見其貌之臞，而孰知其道之豐邪？貞不絕俗，夷邪？惠邪？從容偃仰，心之泰邪？潔不招忌，淵邪？田邪？尊賢容眾，氣之平邪？登聖之堂，狷邪？狂邪？窺《易》之門，紃邪？伸邪？將齊得喪，而壹死生邪？抑何其不流於仙與釋，而懇懇乎儒之行也？嗚呼！雖吾亦安能測其中之所藏邪？

一瓢一笠圖辭 並序

吾友劉子海樹遷合肥之明年，圖其貌為一瓢一笠，而微記於余，余未有以應也。客有過餘者，見而訝之，曰：劉子年甫及強仕，方

駸駸日起，而忽為此圖，其將急於政乎？若矯而託焉，抑亦君子所不取也。余曰：否。昔謝太傅，王公之度，大人之容，而寢處有山澤間儀。推而上之，孔子方與仲、舟諸賢各言用世之志，一聞春風沂水之樂，即喟然動歸隱之思。蓋有高世之勳者，必其有遺世之槩者也。昌黎韓子薄唐世士大夫以官為家，夫韓子豈蚩遯之徒哉？誠以以官為家，其為政必有所瞻徇畏葸，而不能盡其才。此循良蹇諤之風所由，不見於今日也。客曰：善哉！非鄙人之所及也。客退，稍次所言，以復於劉子，且為之歌曰：

桂將華兮秋高，阻歸術兮苕遙。詎縱情兮棲逸，懷佳人兮久要。逝振翼於寥廓兮，匪潔身於崇朝。彼霑塗於泥淖兮，怨囅輪而徒勞。願瓢笠兮早計，與子期兮山椒。

崇百藥齋文集第十六

書事　傳　家傳　別傳　傳論

述先府君逸事〔註1〕

　　世父奕清先生性嚴厲，先府君歸自粵西，年六十矣，偶持論不合，世父怒，府君長跪謝。適有同里某公過府君，見之訝而問故〔註2〕，驚歎良久，憮然曰：我誠非人。因探懷中，出片紙示府君，則訟其兄之辭〔註3〕也。府君笑而毀之，並招其兄至，留飲極歡而罷。此事先太孺人嘗舉以訓繼輅。繼輅幼時習聞之，但知府君克盡弟道，老而不衰，為不可及耳。稍長，乃歎世父風義之古。今日思之，某公之勇於改過，亦豈易覯耶？嗚呼！四十餘年之間，人事可勝言哉！

書仇孝子廬墓事代謝秀才作

　　仇太公墓在白溪西，去城二十里，而近林木。蓁雜中有茆屋一椽，即孝子廬也。初，余以事至高冊社，友人為言仇孝子家賣田事。其言曰：有仇孝子者，廬墓今三年矣，未嘗暫歸。孝子妻年尚少，不能耕，無以為食，乃賣所業田於鄰社某氏，誤言若干畮。約成，而數不足，某氏者必欲取盈焉。不然，寧返質

〔註1〕按：（清）張培仁撰《靜娛亭筆記》卷四《陸大令述先德》：「陽湖陸祁生大令繼輅品端學粹，工詩，古文尤峻潔。今錄其《述先府君逸事》，云：（不錄）尺幅中有煙波無盡之概，真有功世教之文。」（《續修四庫全書》第1181冊，第667頁）
〔註2〕「見之訝而問故」，《靜娛亭筆記》作「見而訝之問而」。
〔註3〕「辭」，《靜娛亭筆記》作「詞」。

劑，罷其事。於是同社之與孝子故者，爭割田以益之。余初薄某氏之漸斲於利，乃不能為孝子少紃。繼歎高冊社俗，近古有和親任卹之風，終乃憬然於孝子之感人深也。昔管仲奪伯氏邑，沒齒不怨。夫子不難伯氏而美管仲，何者？有以致之也。是可以知仇孝子之孝矣。因詢其墓處而歸，久之不能置徑。往造孝子於廬，孝子自啟關延客入，風貌樸古，坐定，問姓名及所以來。余曰：「謝氏慶遠聞先生廬墓，願一見顏色。」孝子蹙然曰：「安所謂廬墓？親在，愛不孝甚，常在膝下。既葬荒原，蕭寂不忍遽去，遂遲遲以至於今。行且歸耳。」語次，淚涔涔盈衿袖間。余惘然久之。夫廬墓非野處也，三年之喪甫終，不即居內，猶夫人之所能勉也。吾獨以意揣孝子，其平日順親悅親之道，必有尋常思慮萬萬所不及者，而孝子固不自言，亦不能言也。因書以自警。孝子名儒楷，直隸人，今居郯五世矣。

書楊貞婦

楊貞婦劉氏，洛陽人。父振揚，貧而多女。故貞婦五歲字楊氏，即撫於楊。十七而夫死，未成昏也。舅姑以少，故歸諸劉，將議嫁。婦白父母，當一訣舅姑。父母許之，與偕往。婦乃明謂舅姑、父母曰：「兒已為楊氏婦，安得再事他姓？兒不歸矣。」父母愕，猝無以應。而鄰婦聞婦歸，爭就視之，有言當從婦志者，有言女未昏不應守，又有言當終三年喪而後嫁者。舅不能決，質之鄉士大夫。鄉士大夫皆曰：「娶婦未廟見而死，歸葬於女氏之鄉，明未成婦也。今女未成昏，守志非禮。」婦乃長跪，謝曰：「兒未讀書，不知所謂禮。第念兒劉氏女，無故居楊之室，食楊之食，衣楊之衣。舅若父，姑若母，十有三年於茲，不為不久。又嘗服其諸父諸母諸姑姊妹之喪，而猶謂非其婦，然則何如而後成婦耶？惟父母、舅姑哀憐之。不然，有死而已。」於是父母哭，舅姑亦哭，鄰婦之在側者無不哭。婦曰：「徒哭無益，速定吾事，即生矣。」遂偕至夫所葬處，拜奠成禮，歸事舅姑，如夫在時。貞婦名留，夫曰翰邦。翰邦之父曰清。後數年，清以他子子後翰邦，曰蔚文。

陸繼輅曰：貞婦父以貧，故育女於其夫家，非禮也。夫死又欲嫁之，是重失也。而鄉士大夫乃更援《禮》以為說。嗚呼！貞婦不讀書，寧知禮之不如是哉？而其心有所不服，則雖以古先聖王臨之而不為動，侃侃數言，何其順也。是全其身以補父之過者也。

郎中谷君遺事述

嘉慶四年，今上初親政，川楚教匪方蔓延，給事中谷際岐首論奏諸封疆大臣老師糜餉狀。上震怒，立罷秦承恩等，而專以破賊責額勒登保、德楞泰，教匪以平。當是時，谷君直聲滿天下。谷君，雲南進士，由翰林歷官科道。先是，尹壯圖、錢灃並以敢言効忠高宗朝，谷君實其鄉後進。雲南去京師萬里，而名臣踵生，如三君子者，可不謂賢乎？於以歎聲教之所及遠也。君之左遷也，乾隆間有蔡永清者，兩湖總督陳輝祖家奴，擁厚貲，居輦下，以財市名，號稱善人。至是，復以助賑，請優敘，冒加五品銜，出入輿馬，揖讓公卿間。君疏劾之，自大學士慶桂、尚書朱珪以下，多所指斥。有旨，即命君會同刑部鞫訊，而責問文正及諸大臣明白回奏。惟於傅察公奉硃批，此必該給事中妄奏。既得實，刑部奏革永清所冒職銜，而君坐糸奏失實處。果如聖諭，降補刑部主事。旋擢員外郎、郎中，數年以年老致仕，貧不能歸，主講揚州孝廉堂。會尚書初彭齡奉使至江南，江南大吏觴之巡鹽使者署中，並邀君。君，初公座師，上坐不讓。酒間為初公言江南利弊宜興革者甚備。君在孝廉堂垂十年，竟以疾卒於寓舍。君與涇縣包世臣為忘年交，世臣嘗攜其文稿一束示余，塗改殘缺，而二疏獨皆完善。又有告關忠義文，自言「邊省下材，雖抱忠悃而文筆蕪庸，往往不能逮意。今將具疏論兵事冀神力開悟，俾得暢達，上邀聖聽」。蓋即上前疏時所作也。其誠篤如此。

陸繼輅曰：雲南自以鹽務歸官，官料民戶若干口，市鹽若干。蓄馬牛羊者，一馬一牛一羊各當一口，貧竈其馬牛羊者，不得減民之老病，死者亦如之，百姓大擾。君奏諸歸商，議久不決。適初公巡撫雲南，堅持其師說，事乃得行，百姓至今德君。雖然，非初公力，君豈能獨成之耶？然則條奏之格於部議者多矣，此亦言官之難也。

書崔鈞事

崔鈞，山西長治人也。家貧，以賣鋏為業。既贏，入貲戶部，得從九品官。年且六十，選廣西武宣巡檢。嘉慶二年，狆苗作亂，官軍拒紅水江而營，議戰未決。鈞自詣軍門，請言事。大府以老師糜餉，方傍徨無可為計，遽見之。鈞因言曰：「能破狆苗者，擺邏猺勇也。能調擺邏猺勇者，泗城故土司岑文淵也。」鈞請間行，至文淵所說之。然官卑不足取信，若得六府令，齎一持往，蔑不濟矣。許之，三日而文淵以猺勇至。官軍渡江從之，一戰白扣，再戰板葩，三戰

板街,四戰雅口,五戰新會塘,六戰冊亨,皆捷,生擒其魁,狘苗平。大府奏請超擢西隆知州,部議不可,擢舊州州判,賜藍翎。久之,調補羅城知縣,再調馬平。來賓劇盜張老二者,聚眾為劫,捕之數年。大府以鈞能委代緝。鈞固有所聞,獨身出鎮南關,移檄安南國王:中國有逋者十三人在安南境,或言王實匿之。王欲自明,期三日以十三人者來。安南王恐,即日發兵,從鈞搜獲十一人以歸。大府聞而大驚,不敢隱。鈞遂以擅越界被劾,奉旨革職,發烏魯木齊,効力贖罪。鈞在烏魯木齊六年,年七十餘,嘗白都統,某某等處有金銀氣,可開礦,供新疆經費。都統以為妄,不敢上聞。鈞既奉赦歸,猶時時攘臂言之,且曰:「此說行,無復帑金出嘉峪關矣。」

　　陸繼輅曰:余友崔景儀嘗為余言崔鈞事。蓋狘苗之亂,景儀方官思恩知府,故能詳也。嗚呼!壯哉!然卒以越境捕盜獲譴,又何躁也!及其老而衰,身為戍卒,猶惓惓於國計,雖所言不必驗,君子壯其志矣。嗟乎!豪傑之士賫志以歿者,何可勝。惜如鈞者,猶其遇焉者也。

記惲子居語

　　子居之葬也,其弟子寬徵銘於余。余以子居生平抱負既已見諸文辭,其為令,善治獄,又自有《決事》四卷,故皆未之及,而第述吳城罷官一事。後人紃觀之,可以知君矣。其明年,吳仲倫復為君著行狀,頗採取余文,而他事加詳焉。因憶君官新喻時,嘗為大府所器,從容語君曰:「吾與君文字交質疑辨難,何所不可?然孔子與下大夫言侃侃,與上大夫言誾誾,此不足為君法邪?」子居起立,應曰:「孔子所與言之上大夫,季孫氏也。其人小人,不能容君子,故聖人不得不稍遜其辭。使遇伊、傅、周、召,必不然矣。某不敢以待季孫者待閣下,大府無以難。」子居言論雋永多類此,筆記之以示仲倫,宜可補入狀中,亦使世之驕諛者兩知所警也。

　　子居讀相人書,自言精其術。余年十九,與子居初相見,遽目余曰狀元也。後七年,見子居錢唐,復相之曰當為臺諫。比子居罷官,歸乃熟視余曰:「君非仕宦中人,曩相君皆誤。」已而告魏曾容曰:「吾非真能相人也。祁孫弱冠時,正堪作狀元耳。」因撫掌大笑。嗟乎!歲月逝邁,志氣銷歇。如君言,反覆勝耶?抑憫其頹廢而將有以振之邪?惜當時未以質君也。

記庖人

　　庖人佚其姓與名,日宰割雞鶩,烹飪之以為業。已而悔之,謂非仁術也。

去傭於浮屠氏之居。一日，浮屠氏盜其鄰之狗以屬之庖，庖乃絕脰，伐毛，剖腹，刳腸，剔骨，臠肉，調五味而進之，浮屠氏大喜，自以為知庖。晚，鄰人聞而患之，私計啟浮屠氏，盜心者庖人也，庖不去，狗無遺類矣。於是說於庖人曰：「某氏求良庖，久願為介，傭值惟倍。」庖人不可，曰：「吾既徙業矣，奈何利其傭值，以傷吾之仁？」卒不往。

記胡德

賈子霄之僕胡德死，子霄葬之南門之外，而告其友陸祁孫曰：「此非常僕也。吾哀焉。」余請其說，子霄曰：「德年六十餘，從吾客蔚州。已而，吾自蔚之洛陽，又自洛陽入都，皆從。樸訥無他長，謹守囊篋，無所失而已。吾下禮部試，將歸，會病暑，憊甚，同歸者多見阻。吾猶豫未有所決，德進曰：『主人為客久，太夫人日夕望主人歸。今聞以病留，必大疑，或坐致疾，主人何以自解？』吾蹶然強起，遂行，病亦尋愈。」陸祁孫曰：下之進言於上也，姑息則易從，責難則難入，此受言者之通病也。如子霄者，孰不樂告以善哉？吾獨怪德之能見其大也，作胡德傳。

徐嗣愛傳

徐嗣愛，字允德，郯城人。父貢士，縣學生。母宋。貢士早卒，宋守志，為嗣愛五易師。學既成，出應學使者試。凡歲科十二試，皆第一，中萬曆甲午科舉人。嗣愛生平，衣不分布帛，食不辨美惡，不知道路之遠近，不識權度之輕重廣狹。讀書屬文外，唯僻好歐陽率更書，日臨數千字，瘦硬如其人。將終，著《家約》一卷：一曰教孝，二曰勸友，三曰力田，四曰勤學，五曰毋好博弈，六曰毋耽麴櫱，七曰毋搆訟縣庭，八曰毋武斷鄉里。

培基，嗣愛子，字泰維，歲貢生。培基俶儻自喜，與嗣愛雅不相肖。明季失政，寇盜蜂起，慨然有投筆請纓之志。嘗率鄉勇擊賊，至艾山西，賊不能支，盡棄所掠金錢婦女而遁。培基約束軍士，一無所取，以金錢散給婦女，使各歸其鄉。泰安民史二者，與其黨姚三聚眾為亂，將攻郯城，知縣金華潘文燦偵知之，與培基及杜之棟等籌守禦策甚備。賊圍城數日，度不可破，始解去。時文燦已丁母憂，未受代。事平，將歸，為之棟、培基等二百九十二人題名刻石，且屬曰：「若皆好男子，設更有變，各努力，不可為不義屈。」皆應曰：「諾。不敢忘。」明亡，我大清平定中原，郯城安堵如故。順治八年，復有王肖吾之

難。之棟言於眾曰：「潘明府之約，不可背也。」城陷，二百九十二人者皆不屈。

陸繼輅曰：吾友吳墧知郯城，邀余修輯縣志。既至，曰：與縣人訪求祠墓刻石，得見崇禎十四年潘文燦守城碑記，歎文燦以衰絰之身誓眾登陴，為明守土，卒捍大患。已而，縣人復為言順治八年死事狀，益悚然異之。以為此二百九十二人者，識順逆，得死所，非猶夫自經溝瀆者比，惜不得其叢葬之處表而出之，如田橫島也。況賢如培基者乎！嗣愛粹然學者，以老壽終。父與子固各成其是，抑亦所遇之時不同也。《論語》云：「甯武子愚不可及。」捨生取義之事，大率非智者所為。愚如嗣愛，果令須臾無死，浸假而至崇禎十四年，必守城如培基無疑也；浸假而至順治八年，必不屈如培基無疑也。夫世之分布帛、辨權量、識道路者，何可以數計，而天獨於嗣愛靳之。吾觀古昔鮨領專壹之士，當其研精極思，往往廢寢食，忘寒暑，如嗣愛者，其著作必有可觀。而百數十年，已歸湮沒，為可悲也。然粲然在人耳目之前，如守城題名碑，乃亦一再不見收於縣志，以至今日。名之顯晦，固有時乎？幸不幸之閒，又可勝惜哉！

郯城列女傳

陸繼輅曰：往余撰《郯城縣續志》，自乾隆二十九年至嘉慶十五年，得列女四百六十七人。嗚呼！盛矣！會郯令吳墧以憂去官，促脫稿急，深以記載缺略為憾。長夏杜門，因取其中言行尤可悲愕者，別為傳，以俟采風者擇焉。

劉氏。劉煜發女。字諸生徐勳。嫁有日矣，而勳以瘵卒。赴至，絕粒七日，請於父曰：「兒不孝，死矣，願以棺歸徐氏。」煜發許之，遂瞑。先是勳以善事父母聞，既合葬，里之人過其墓者，皆指示歎息，曰此孝子貞女埋骨處也。

王氏。謝玉春妻。二十而寡。家貧，姑在堂，恃十指供甘旨。姑憐之戒，使暫輟。答曰：「新婦藉以忘悲，不為疲也。」又嘗訓其子從心曰：「貧富貴賤，自有定數。勤學立品，則人所自為。假令朝廷不設科目，豈即不讀書耶？」守志二十四年卒。

梁氏。襁褓中受謝氏聘，父母亡，養於叔父。謝氏子尚可病瘍且死，其母言於梁氏，請成昏。叔不可。女聞之，泣曰：「父母既以兒許謝氏，奈何拒之？今縱不往，彼死，兒寧改適耶？」叔不得已，從之。甫入門，尚可遽絕。女事姑四十年，姑以老壽終，女亦旋卒。

　　楊氏。徐翰妻。年二十二，舉一子，曰灼曾，甫四月而翰死，矢以身殉。舅姑相與泣曰：「吾與若老且病，速死得見亡兒，固無恨。所痛灼曾無乳，且先我死耳。」楊立起謝曰：「新婦敢不留此殘喘，以事舅姑？」凡侍湯藥不解帶者五年。姑非翰生母，人以是益賢之。灼曾妻劉，亦以孝稱。

　　謝永祺，國子監生，與弟承平皆嗜學，里中目為二謝。永祺妻房，承平妻蔡，並宿遷人。房氏尤通曉文義，好談古人節烈事。凡晨昏定省之儀、井臼之事，輒以身先蔡氏。蔡亦慕傚恐後。里中長老稱佳兒佳婦者，必噴噴推謝氏。已而，永祺病瀕危，執房手曰：「以老親幼子累汝。」目遂瞑。房衰絰中，蔡護視饘粥惟謹。久之，承平亦殞。蔡自剄，不殊，遂不食。房責之曰：「舅姑在，奈何若此？且小郎未有子，若相見地下，詢身後事，何以對？」蔡飲泣聽命。於是即日白舅姑，以次子慶遠後承平。慶遠稍長，與兄慶譽相砥厲，先後補學官弟子。時一貫書院久廢，署令吳塏始捐俸為諸生膏火資，自為師課之。慶譽、慶遠試輒冠其曹，兩節母喜其子之有成也。族中子弟少孤能讀書者，時時周恤不倦。市上有丐婦乞食養姑，慶譽兄弟以告，節母立使人迎之歸，將養之終其身。其樂善如此。房寡時，年二十八，今五十一。蔡寡時，年十七，今四十。丐婦者姓潘氏，嫁楊得時，三年生一子，得時死，年甫二十。姑欲嫁之，不可，曰：「願為楊氏鬼久之，無以為活。」則鬻子於謝氏，而自行乞以養姑。每乞歸，擇稍甘旨者為姑勸一餐。姑或憐之，不忍竟食。則長跪涕泣而進曰：「日旰矣，姑盡之。兒已飽，不能再食也。」年餘，聞於謝氏，迎其姑婦於家，將養之以終老。會有修志之事，慶譽以告，曰：「潘年未三十，節非慶譽所敢保，而孝姑如此。棄之則非所以旌孝，而錄之又非所以重節也。且為之奈何？夫潘不改操於乞食養姑之始，而喪志於謝氏坐食之後乎？必不然矣。」卒錄之。後之君子考其本末，續志之曰潘以某年月日完節，則謝氏成人之美亦與俱傳矣。

　　劉氏。高延齡妻。十九歲寡，無子。延齡弟延祚娶於夏，生一子，將以後延齡。而延祚繼逝，夏抱子置劉懷曰：「以累嫂。」劉察其意，責之曰：「捨姑不孝，棄子不仁，不孝不仁，烈於何有？」夏悚然應曰：「不敢。」先是劉善事姑，嘗以身先夏。夏既寡，即攜樸被與劉共寢，定省必偕，今三十年矣。姑八十餘，尚存。劉五十有五，夏五十有一。

　　姚氏。謝欽明妻。二十一而寡，舅將集族人議所以後欽明者，姚私於姑曰：「所貴乎有子者，以承宗祀之重也。舅年未衰，猶可育。使亡人幸而有弟，何

必新婦自有子乎？」姑然之。相與質簪珥，為翁置簉室。久之，卒無出，乃擇群從兄弟子子之。今守志三十年。

劉氏。孫其燨妻。十七歲寡，其燨叔母窺劉意欲殉，語之曰：「新婦不念其燨耶？苟念之，其燨母在，且當奈何？」不應。又曰：「假如其燨不死，久客於外所，婦從夫邪？事始耶？婦人不幸喪夫，往往以烈廢孝。使吾為婦也，夫者正當怨之，不以為德也。」乃不死。今守志四十三年，姑年八十四。

王氏。朱良妻。良死，議嗣，久不決。或為王謀，有女在，俟其長，贅壻為後，不愈於子他人子乎？王曰：「女雖我生，壻則異姓。如子言，朱氏之鬼餒矣。且人之不樂為後者，以我貧耳。不貧，何患無子？子姑待之。」於是節衣食，勤居積，早作夜思，家日充裕，嗣乃定。寡時年二十七，今守志二十年。

黃氏。高景隆妻。二十一歲寡。子復不育。今守志二十四年，不苟言笑。戚族有請見者，輒謝曰：「未亡人待死之年，失禮於長者多矣。幸終怨之。」卒不見。

李氏者，嘗為人傭工。婦積錢以葬其夫者也。夫曰鄭春美，卒時李年二十。既為人傭，不得避男子，而顏色凜然，不苟言笑。二子稍長，能養母，乃歸。

朱氏。海州農家女，武生吳喦、吳嶙生母。持家教子，井井有法度，尤善事女君。嘗誡喦、嶙曰：「我，汝父妾也。汝兄弟能孝嫡母，我心方安。我心不安，即非所以孝我。」又曰：「汝等習騎射，非汝父志。他日汝等有子，當仍使讀書。」年二十四守志，今七十餘矣。孫九人，補諸生者四：曰允昌、丕昌、占魁、季昌。

縣學生謝君家傳代謝秀才作

從兄韶亭君之歿也，年僅四十，以襴衫斂。嗚呼哀哉！君甫出家塾，即為人師。年十九，館於城中某氏。時從父方充社長，嚴風朔雪之夕，輒就君塾中宿。君暖酒一壺，解衣置胸前，俟從父五更起飲之。或夏月，則侍立揮扇，俟從父寢酣，乃就坐，默誦日所讀書。從父起去，亦不更臥，以為常。從父再娶於徐，常患瘍，臭甚惡，人不能近。君濯水傅藥，日夜不離側。或問之，曰：「汝輩甚言之，何至是？」有異母弟，生五年，能行矣。每有欲往，必倩君背負之。偶見一鉅石，弟愛不釋，則並負石歸。及稍長，課督甚嚴。一日以曠課受笞，旋悔之。俟熟寐，啟寢衣，撫其杖痕而泣。其友愛如此。君既病，閱二年，困甚。然常危坐，恐從父憐。其憊甚，不欲食，從父在前，必強啖，卒以

不起。嗚呼哀哉！君既未仕，又不永年，無所表見，而其溫純篤摯之槃流露於家庭間者，亦足以為法於子孫矣。君姓謝氏，諱永春，韶亭其字，鄒城人。

弟永平曰：「族祖俊夫先生有人倫之鑒，泰山齊先生諱邦彥者，名儒也，皆言君成就遠大，然竟不驗。」夫命者，聖人所罕言，吾之疑又烏乎質之？

曲沃知縣侯君家傳代吳曹州作

老友梅亭侯君之葬也，故刑科給事中宋君澍既銘其藏。嘉慶己巳，余奉檄來權鄒城，蓋距君之亡六年矣，而君之孤奉辰等復以家傳為請。余聞古之良有司所至，輒訪求忠義、孝友、循良、隱佚之士，表其祠墓，所以彰隱德，樹風聲，非細故也。況二十年相知之深如侯君者乎！余之識君也，在乾隆庚戌之歲，時君年五十又一，方以解州倅署平遙。平遙之民好訟，君聽斷明決，無留牘，無情者知所愧矣。而君遽調稷山，稷山君舊治，百姓喜君再至，急欲一見君貌肥瘦衰壯以為慰。爭前迎君，至輿不得前。君嘗病，百姓駭懼奔走，禱祈於城隍之神，願茹素食、衣單衣以延君壽。其得民如此。

君諱長熺，梅亭其別字。由鄒城縣學生充選拔貢生，應廷試。前後官秦晉三十餘年。凡任十有八州縣，最後為曲沃。其政績及陞調卓異著於宋君墓誌者，不具書。

吳垲曰：余客晉最久，其中或歸省，或應京兆試，屢與君別，又屢見君。庚申四月，余謁選都下，君適以引見至，訪余宣武坊南寓舍，娓娓譚別後事。知君擢牧平定為部議所格，悵然久之。然是時山左大吏皆知君才可大用，倚君如左右手，而君遽以微疾歸。古君子之於仕也，難進而易退，往往身未衰老，不忘首丘，所謂沒而可祭於社者，非其人耶？余權鄒不及稔，其間稍稍有所興革。昔子皮死，子產曰：「無為為善矣，惟夫子知我。」嗚呼！吾於梅亭亦云也。悲夫！

龍泉教諭周君家傳代劉編修作

君姓周氏，諱顯訓，字廸功，金華人。金華周氏自南宋時，由處州徙居，以文學科第世其家。至君曾祖、祖父，三世皆不顯。而君父早歿，君以門祚中衰，又無趨庭之訓，奮志為學，遂盡通五經及諸史。乾隆乙酉，故刑部侍郎錢文敏公督學浙江，以君充選拔貢生，朝考列二等，留國子監肄業。京朝大官見君文者皆器之，而君屢應京兆試，不讎。會教習期滿引見，以教職用。君無所事事，遂歸候部選。君既鬱鬱不得志，及官閒曹，益無所事，則為人課子。久

之，遊其門者多掇科第以去。而君任龍泉教諭者十三年，其將行也，諸生以為大慼，奔走相告語，送者數百人。比歸里中，益老無所事，則自課其子。子二，皆恂謹有文，先後補學官弟子。君高才不遇，意頗不能平。然其教子則曰：學不學，志也；遇不遇，命也。爾曹立志以俟命，斯已矣。其為教如此。

論曰：聖人罕言命。其罕言者，乃其深知命耶？天下高才不遇如君者，豈少也哉？亦曰此命之適然，而無足深求其故云爾。

候選教諭張君家傳

張君諱雲英，字揚烈，武進之涓溪人。乾隆五十三年舉人，嘉慶二十二年大挑二等。凡為舉人三十年。年六十有六矣。君少孤，酷貧。自為諸生，始設家塾，招集鄰里子弟為之師。所居既湫隘，童子數十人聯袂接席，時時嬉笑詬誶，君呵叱聲與童子誦讀聲相間，終日不得息。已而，歲歉收，童子稍稍謝去，君益無以為養。乃於宜興之和橋假一椽為卜肆。卜頗中，日或得數百錢。和橋距涓溪數十里，君晨往暮歸，為太夫人言是日所卜中否，因陳說古今星祿之術，以為笑樂。非甚風雨，太夫人必開門待君。母子相顧，欣欣然不自知其貧之久而將老也。君四與大挑，始得列二等。二等都若干人，君次第五。四人者同日選教諭去，而君以肺疾發，卒於寓舍，不及選期者二十日。嗚呼！可哀也已！君之將入都也，自卜之，語其家人曰：「吾此行當得官，然不及選也。」至是疾發。里人有述其言者，然亦不虞其果驗也。

陸繼輅曰：士之初應禮部試也，上者期入翰林，次及主事中書。舍人既屢不中選，則充官學教習及史館謄錄，亦得知縣以去。至求知縣不得。齒加長矣，方願為校官。近日監司以下，官塗較雜，而校官猶以舉貢為之。顧得之者往往吒傺無聊，若甚不屑。及其為之，又不自顧藉，甚於他途。如君之誠孝廉潔，宜可為諸生表率。而竟不及選以死，豈區區薄祿果有福命存乎其閒耶？嗚呼！是可怪也。

宗人府丞儲公別傳

儲公諱麟趾，字履醇，一字梅夫，學者稱梅夫先生。故宜興人，分縣為荊溪人。宜興儲氏，世以制舉文名天下。至公始好為詩古文辭。乾隆三年，舉順天鄉試。四年，迴避卷中式。殿試二甲，改庶吉士，授編修，遷御史給事中，最後官宗人府丞，引疾歸。歸又十餘年，終年八十有二。公之官御史也，四川督學某與張文和公有連贓，私狼籍。繼母死，以為父妾，不解任朝官，頗有聞。

以文和故，未之發也。公疏請逮治，語侵文和，純廟知公自此始。然公為人和平樂易，亦初不以搏擊為事。每上封事，輒陳說經義。其《論〈易・益〉卦彖辭疏》云：「臣謹按《損》、《益》二卦，同為損陽益陰，損實益虛，而損下益上則卦名為《損》，損上益下則卦名為《益》，其義何也？蓋古昔聖帝賢君富厚之資，則使在民，而不在己；儉薄之用，則使在己，而不在民。如土階松棟而昏墊為憂，菲食卑宮而隨刊是任。自唐虞三代盛時，藏富於民，薄徵於國，以至春秋，補助行於耕斂。故夏諺曰：『吾王不遊，吾何以休？吾王不豫，吾何以助？一遊一豫，為諸侯度。』後世如漢文帝惜露臺，而每行蠲租賜復之典，蓋猶深明此義焉。夫《益》之為卦，本於上乾下坤，乾君也，坤民也。《損》乾之四益坤之初，乃為上巽下震，於是見號令風行於上，而歡欣雷動於下，說之象也。湛恩汪濊，閩澤覃敷，山陬海澨，由近訖遠，故曰『民說無疆』，言無復疆圉之可以限其所至也。而臣因思惟天之道下濟而光明，惟君子之道體天而育物，皆自然而流通，交暢而溥徧，非如小恩小惠、簞食壺漿、煦煦要市於人人僅止一隅一事，而有所未徧也。夫乾施一陽以益於坤而為震，則坤以一陰上應乎乾而為巽。君思惠下之實政，法天之下濟而為益，則民以孚感之實心，如坤之順應乎上而為說，天地交而為風雷，上下交而為順動，皆由上卦之九四下於下卦之初六，所謂自上下下也。由是養恬之典頒為經制札瘥之政，以備凶荒，道不私於一二人，而乃能不遺於人人；不盡於一二世，而乃能充周於世世。雲行雨施，群生各遂其性命，法良意美，邦本永固於苞桑。道之大光，孰有過於此者？此益之道所以與時偕行。天道君道相為符合，而功效捷於桴鼓者也。」又《〈頤〉卦「聖人養賢以及萬民」論疏》云：「臣謹按：聖人『首出庶物』，必以天地之心為心。天地以養萬物為心，故聖人非徒以天下自養，而必以養天下為急焉。其以天下自養，則玉食萬方而不以為過也。其以養天下為急，則無一夫不被其澤而非勞也。是豈必戶授之衣而人賷之粟哉？財成天地之道，輔相天地之宜，以左右民，順而施之，有其序焉；徧而普之，無或遺焉。蓋必至於參天地，贊化育，而後為養道之極功也。《易》卦《大有》、《大畜》、《鼎》，皆有養賢之義；《師》、《益》、《井》皆有養民之義，而《頤》卦則兼言之曰『聖人養賢以及萬民』，善乎程子之言曰：『聖人作養賢才，與之共天位，使之食天祿，俾施澤於天下，養賢正所以養萬民也。』〔註4〕夫生民之初，黔首蚩蚩，同於鳥獸。雖有相生相養之道，而不能自為謀也。有聖人者作，然後仰觀俯察，

〔註4〕程頤《伊川易傳・頤》。

網罟、耒耜、舟楫、牛馬、宮室、烹餁之利次第以興焉。而又恐山陬海徼，群聚州處，不能以一人之耳目徧也，為之選造以升之，等威以辨之，祿糈以優之，期以導宣德化，撫循眾庶，俾湛恩汪濊，無一民一物之流離失業，而後即安焉。是故有憂勞不倦之堯、舜，而後有己溺己飢之禹、稷，而後有日孜日贊之皋、夔。此固財之所由以阜，慍之所由以解，而萬民之所由以熙熙而皥皥也。雖然，反而觀之，賢者能佐治以養民，不賢者即能罔上以病民。聖人於此，公聽並觀，見賢焉則登而庸之，見不賢焉仍復屏而斥之，流放誅殛之條與命官分秩之典，每並行而不相悖。所以《頤》之為卦，與《噬嗑》相為表裏。《頤》口中虛，九四一陽間於其中，必齮之而後合，先王治獄之道存焉。然則聖人之仁育，必繼之以義正而後全，猶之天地之春生必濟之以秋殺，而後備焉爾。後世惟蕭何養民致賢以圖天下意，亦與此相類，而大小不同，公私頓異。彼就蜀漢一隅言之，此則以普天率土而為言也。由蕭何之言，可以知霸國之勝算；由《頤》卦之彖辭，可以識王道之大全。意義差類，而體用各殊，固未可以同年而語也。」
又《〈詩·小雅·鹿鳴〉之三論疏》曰：「臣謹按：《鹿鳴》三章本為君燕臣之樂歌，而其後推而用之鄉飲太學，蓋據《鄉飲酒義》『工入，升歌三終』及《學記》『《宵雅》肆三』之說而云然。而其詩實主於歡欣和悅，賓禮臣下，俾之鼓舞奮發，悉獻其情，而後已焉。首以呦呦之鳴鹿興旅進之嘉賓，食香草而呼召其類，猶之食君祿而汲引其朋無競進之，思無嫉妬之意。是以其聲如此之和也。琴瑟笙簧雅樂以導之進，承筐幣帛盛禮以考其終，總以將旨酒，樂嘉賓，而成我君臣燕飲之禮焉。人臣侍君飲，禮不得過三爵，故《賓之初筵》卒章曰『三爵不識』，《左傳》陳敬仲亦云『臣卜其晝，未卜其夜』。特君之愛臣綢繆無已，不欲以常禮限之。自『鼓瑟』以逮『承筐』，所云『式燕以敖』者，此也；所云『和樂且湛』者，亦此也。『好我』而示『周行』，即《書·君陳》所稱『爾有嘉謀嘉猷，則入告爾後於內，爾乃順之於外，曰斯謀斯猷，惟我後之德』。蓋自今以往，要其終而勉之，尤見樂善之靡倦。夫人臣之言，豈真有加於廟算哉？特好之靡已，故求之愈切耳。其曰『周行』云者，又以見夫君臣之相勗以大道，而凡戔戔小言檠未足以為獻替之資也。『德音孔昭』，蓋言人臣有淳龐安重之德，而聲聞昭著，下而待治之庶民式為懿行，上而同朝之君子佩為典型。即此可見殿陛之間，風度端凝，舉趾足法，而無有越禮愆儀者焉。抑又以見夫人臣立朝，迴翔左右，正君善俗，自有其道，而非徒語言文字潤色鴻業，遂足以塞百爾靖共之責也。末章總結之曰『我有旨酒，以燕樂嘉賓之心』，人君能

得臣下之心，則無論股肱心膂之寄、干城民社之司，咸有鞠躬盡瘁，無敢告勞者矣。即此三章反覆尋繹，有以見君與臣志同道合，相感在意氣之孚，立政义民，相求在德禮之化。其意和以厚，而其音正以廣。《大序》曰『雅者，正也』，正樂之歌也，三詩列於《小雅》之首與？夫恭敬齋莊以發先王之德者，特體裁差異，因有大小之分耳，夫豈有異指哉？」章上，上未嘗不稱善。嘗大旱，有旨特命公論時政得失。公應詔上疏，其略云：「臣聞天道若持衡然，故雨暘燠寒，無時不得其平。而氣化偶偏，必於六陽伏陰示其象。然往來推行，久而必復其常者，天道之無私也。君道法天，亦若持衡然。故喜怒刑賞無事不得其平，而意見偶偏，必於用人行政露其機。然斟酌損益，終必歸於大中至正者，君德之極盛也。漢臣董仲舒曰：『善言天者必有驗於人。』天人相應，捷於桴鼓，《春秋》所以詳書災異也。皇上至聖極明，一切措置施為，雖堯舜無以加之，豈復有纖芥之事足以召祲而致災者？但愚臣蠡測管窺，以為自古人主患不明，惟皇上患明之太過；自古人主患不斷，惟皇上患斷之太速。即如擢一官，點一差，往往出人意表，為擬議所不及，此則皇上意見之稍偏，而愚臣所謂聖明英斷之太過者也。史臣之贊堯曰『迺聖迺神』，宋儒朱子曰『聖人，神明不測之號』。夫所貴乎不測者，錯綜參伍，與時偕行，而非於彼於此不可思議之謂也。此雖不足上累聖德萬分之一，然臣尤願皇上開載布公，太和翔洽，要使天下服皇上用人之至當，而不必徒使天下驚皇上用人之甚奇。若云防微杜漸，不得不爾，則國法具在，試問諸臣行事之邪正，又誰能欺皇上之洞鑒者？抑臣又聞之唐臣韓愈曰：『獨陽為旱，獨陰為水。君陽臣陰，有君無臣，是以久旱。』今皇上宵衣旰食，焦勞於法宮之中，而王公大臣拱手備位，曾不聞出一謀，獻一畫，上贊主德，輔宣聖化，是君勞於上，臣逸於下，天道下濟而地道不能上行，其於致旱，理或宜然。臣區區之忱，願皇上虛中無我，一切用人行政，不改鑑空衡平之體。又於一二純誠憂國之大臣，時賜召對，清宴之餘，資其輔益。必能時雨時風，銷殄旱災矣。」其他所條奏，如商祖契宜崇祀典，尤為當時所傳誦。以非君德政體之大，故不著。公既得告歸，僦屋以居，所寢室曰雙樹軒。常有鼓吹聲出階下，家人夜驚，公處之宴然。歲餘，夢一白衣人揖公言曰：「我為公守藏者也。公不取，致久淹於此。」公笑曰：「吾為人無長物，今老，顧需是耶？聽汝他往可也。」白衣人駭歎良久，辭去，後遂不復聞鼓吹聲也。

陸繼輅曰：公與先君子同舉京兆，又同成進士，交相善。先君子以女妻公之子一崧，才而早逝，女兒守志，後一崧七年亦卒。遺孤四人，今惟季在，曰

國屏。公好養生家言，獨坐輒閉目若瞑。繼輅小時，每潛至公側，戲挽公鬚。公開目視之，命背誦所業書，啗以果餌，不之責也。一日，課繼輅作齊桓晉文譎正論，大被獎譽。今日思之，謦欬猶在耳也。公之葬也，墓誌外碑皆具，時繼輅年十二，竊讀其文，惟某年擢某官、某年奉使某省，心不善之。私念稍長，當為公別著一文，遂從一崧假公奏稿一帙錄而藏之。忽忽三十餘年，學行無所成就，文不足以傳公，而夙心耿耿，未之或忘。會國屏書來，云方有修譜之役，爰為公作別傳，而以四疏綴於篇，俾國屏刻之家乘後，有出而仕者，知所效法焉。

王貞女傳論

《王貞女傳》曰：「貞女王氏，郯城人。父曰毓祥。未昏之夫曰李峻。峻死，貞女請於毓祥，願歸李氏守節。毓祥弗能禁，於是貞女不食肉飲酒，不葛不裘，不歸省父母，日夕侍姑側，以終其身。」

論曰：婦人從夫，女從父。從夫重，故女子子已嫁，為父服降期。從父重，故親迎。女在塗聞父母死則反。此先王之大法也。世有舍己之父母而事他人之父母以為孝者乎？《禮．曾子問》篇：「昏禮既納幣，有吉日，而壻之父母死。則使人辭於女氏。女氏許諾而弗敢嫁。壻免喪，女之父母使人請，壻弗娶而後嫁。」先王之意，以為壻父母死，壻固在也，待之三年，義之盡也。壻死，復何待乎？斬衰往弔，既葬而除，如是焉而已。不寧惟是。女未廟見而死，不遷於祖，不祔於皇姑，壻不杖不菲不次，歸葬於女氏之鄗。夫先王何惜乎三尺之土而靳不使女得葬於夫家乎？所以明從父之義之大。雖已嫁而未廟見者且然，則未嫁而夫死之不當為婦也明矣。貞女年甫十六，未納幣，未有吉日，而遽忘其昊天罔極之恩，以守節於不知誰何之人之室，則所謂賢者之過也。《春秋》之法，責賢者備，是以宋伯姬之死也，君子曰「女而不婦」。若貞女者，毋亦婦而不女乎？世之慕傚貞女者，可以憬然悟矣。

崇百藥齋文集第十七

墓誌銘

候選縣丞周君墓誌銘

　　君姓周氏，諱夢熊，字漁卿，陽湖人。父曰履端，官山東郯城知縣。郯城君之仕也，以入貲，非其志也，故課漁卿讀甚嚴。漁卿亦嗜學，雖多病，未嘗暫輟。今侍講學士吳君鼐嘗主郯城講席，見漁卿詩，奇其早成，為刊版問世。漁卿謝不敏，然益奮。郯城君治獄，多所矜全，或譽之，輒曰：「令職也，亦願以延吾子之壽。」其言皎然不欺，宜造物者果有以償之。而顧反促之邪？余嘗以事過郯，方與郯城君語，漁卿遽趨出，再拜熟視喜躍，自云不意得相見余。為留三宿，始別去。送者皆返，漁卿獨與余共車，行數十里，唏噓不自勝，又若繼此不復得相見者。嗚呼！豈其讖邪？漁卿以嘉慶十一年正月初二日卒，春秋二十有一。妻黃氏，先一日卒。子某。郯城君貽書告哀，且乞銘，不忍辭也。

　　銘曰：嗚呼漁卿！天無知邪？我不敢言天而有知，胡殀慶之或然或不然？嗚呼漁卿！吾惡知夫世之為善者不因汝而阻，而為惡者乃益縱邪？汝而有知，其有以解余之惑而抒其慟邪？

縣學生謝君墓誌銘

　　君姓謝氏，諱澐，字岷源，郯城人。生有至性。十二歲，太公捐館舍，哀毀幾不勝喪。除服，補縣學生。應省試，終日忽忽不樂。同寓者怪之，泫然曰：「澐未嘗一日離母。今數日矣，覺此身懸然無所薄。設更遠於此，且當奈何？」

蓋君不求聞達之意，弱冠時已決之矣。及太夫人春秋高多病，君遂不入私室，私展茵就牀下臥。或呼人，輒應聲。至怪之，君詭辭以對，卒不令太夫人知。太夫人好施，君鬻田三百畝，分給族中之無田者。歲饑，盡出所儲粟以賑，至家食轉絀。有誦德者，則曰非澐思慮所及，母命澐為之。太夫人不好與人辨是非，君終身無所爭競。橫逆之來，未嘗不自反。凡君之高尚謙退與其樂善之誠、行義之勇，皆君之所以事親。嗚呼！孝哉！君卒於乾隆五十四年月日，年六十。子永祺、承平。越某年月日葬於某原。銘曰：為子樂，何必壽。魂依依，侍親後。

莊叔枚墓誌銘

叔枚，諱軫，陽湖人。父鈞，濟南知府。前母崔恭人無子，母姚恭人初舉一子，甚慧而殤，濟南君撫之而哭良久。忽張目曰：「阿父勿悲，後三年月日，兒當復來。」及生叔枚，年月日如所約。濟南君初官大名知府，值歲大歉，飢民呼噪求賑。君謁大順廣兵備道，請發廩，不許。歸語姚恭人而歡。叔枚時九歲，遽前白濟南君曰：「大人能棄此官，即自檄行各縣耳。」濟南君以手擊桉曰：「善。」如其言，全活男婦以億萬計，而濟南君亦未獲咎。後數年，濟南君捐館舍。叔枚既負宿慧，自傷孤貧，欲力學以致通顯。而所為文，奔放恣肆，語多未經人道，有司以為狂不中度，輒抑之。叔枚所交友，同縣吳埼、魏襄、南昌萬承紀，平日相與抵掌談經濟者，並出為廉能吏，有功於時。叔枚獨不得志，終日咄咄，遂嗜酒為長夜飲。既醉，悲歌慷慨，泣下沾衿袖。過客有素為叔枚所薄者，至是發怒數其過惡，甚或拳之，擲器傷面，罵未已。余驟規之，不能聽。自余與叔枚定交，叔枚留余家塾，晝同几席讀書，夜同榻臥。余歸省，叔枚必與偕，望見巷門始別去。如是者二年。厥後，余犖走衣食往來吳越間，歲暮一歸，恒就叔枚飲。飲日益少，議論日益持平。自言少年感遇悲憤之意渙然盡釋，唯疾惡嚴不能自克。嗚呼！以造物之力，其權足以生善人，不生惡人。而終不免於善惡並生者，何哉？叔枚不深思其故，而專志並力以疾之，宜其為造物所忌。雖有大善，而猶不足以償也。悲哉！雖然，使叔枚達而為郡縣守令，將並一縣一郡之惡而斥之益達；而為大學士七卿，將併天下之惡而斥之。其為造物忌，固當。今叔枚阨窮若此，勢力不能行之僮奴婢妾，徒以口吻排擊，聊以自快，此亦何足深忌者。然則叔枚疾惡不壽，不疾惡亦不壽。世之享壽考富貴者，豈皆脂韋詭諛隨俗俯仰之人耶？是必不然也，而又何所歸咎與？莊氏世

有達官，門生故吏半天下，叔枚雖困甚，杜門不肯出，久之愈益困，無以自存。會有姊之壻官南昌，不得已，往依之。半年，疽發於頤，遂以不起，時嘉慶十六年正月日也，年甫四十。遺文若干篇，詩若干篇。叔枚初娶於王，華亭人，故禮科給事中顯曾女，以哭姚恭人不勝喪而卒。無子。有女曰慧聲，嫁一月而寡，自剄，不殊，今守志。繼娶同縣吳氏，某官某女，生一子。叔枚族兄徵君字逵，名之曰汲。汲者，汲黯也。以大名賑飢，故叔枚之葬也未有銘。葬後四年，吳夫人亦卒。汲幼，族之人將以二十一年月日啟叔枚之藏而合窆焉，始來征銘。銘曰：上之求仕也，謂澤之可及於人也。以叔枚之窮無所遇，而澤固已及民矣，復何恨邪？吾願汲之蒙其福而昌其門也。雖然，以叔枚之盛年，竭於其子而不於其身也？吾又惡知夫理與數之果孰絀而孰信邪？

黃璞山墓誌銘

璞山，諱載華，陽湖人。世以財雄於鄉。至璞山父，國子監生魯傳好聚書，而工奕於會計，進退贏縮，無所通解，遂傾其貲。然璞山卒以家多藏書，力學以至於成。璞山初補學官弟子，即以文行名於里中。後肄業國學，復以文行名於京師。其應順天鄉試也，試之日，僮奴誤以常所誦習書一巨冊雜筆硯置一篋中。璞山不及檢，遽攜以行。比至舉場，親王大臣數十人環坐，啟篋而書見，大駭，請旨交刑部尚書。英山金公光悌時為刑部郎，承訊璞山。璞山茫然不知書之所從至，而璞山僮奴已知棘闈不可攜書，攜書當獲罪，大悔恨痛，哭詣刑部陳狀。金公察其誠，顧不可以訓。璞山曰：「易耳。凡懷挾者，便繙閱耳。某讀此書素熟，公不信，請為公誦之。」遂背誦至終卷，不誤一字，金公驚歎，以告侍郎周公興岱。周公以聞於朝，事得白。後八年，舉順天鄉試。又三年，成進士。諸王閱題名錄，見璞山名，相顧色喜曰：「是誤攜書入棘闈者，今中式矣。」益取璞山試文觀之，以為工。然璞山素不習書，朝考不入選，諭歸原班。旋取咸安宮教習，璞山以監生君年老，不待次而歸。歸五年而歿。璞山事親孝，而兄若弟皆好飲博，監生君憂之。璞山量其材能，授貲使諸弟賈，而為兄入貲，以吏目注選，選鬱林州。甫一年，卒於官。諸弟又皆折閱。璞山坐益困。先是，有汪本泰者，市儈也，瞰璞山出遊學，愚監生君以賤價售黃氏別業。璞山歸，將理於官。本泰媿屈，請益價以罷訟。璞山許之，而本泰適以痼疾死，里之人有好為蜚語中人者，揚言曰本泰實畏偪，其死不以病。比璞山之歿也，益伸其前說，謂璞山病中親見本泰索命，遂以不起。嗟乎！以璞山恂恂儒士，

其勢力既不足以死本泰,而本泰一喻利小人,其靈爽又豈足以死璞山?俱甚明白,而身後猶蒙奇謗,疑造物者以前此之冤獄為未足,而又從而益之也。不已甚哉!璞山篤於友誼,所交皆善人君子,而尤與余善。蓋善相勸,過相規,疑相質,有無相通者,垂二十年。其歿也,余方病,不獲一訣。既哭諸其寢,問諸孤,葬期以未卜地對,而余將有行,乃預為誌銘以待事焉。璞山卒於嘉慶二十一年七月日,年五十。妻李氏,妾崔氏。丈夫子六人:節之、禾之、裒之、受之、佑之、勉之。以某年月日葬某鄉。銘曰:其為學也,好博覽而強記,茵席藩溷皆書也。其處世也,務泛愛而親仁,涇渭清濁瞭如也。顧屢以大相反之事,幸未獲譴於朝廷,而終負謗於鄉閭。夫子有言:「鄉人之不善者惡之。」以觀璞山,不益信與?而又何足怪乎?

候選知府楊君墓誌銘

君姓楊氏,諱鼎高,字羹調,陽湖人。六世祖兆魯,順治壬辰進士,福建按察使司參議,始遷常州。祖良弼,歲貢生,福建浯州鹽場大使。父煒,乾隆戊戌進士,廣東候補道。母徐恭人。君有夙慧,九歲解聲律。與余先後受業於莊徵君宇逵。徵君生徒數百輩,每鄉、會試榜發,中式者或六七人,少亦二三人。而君南北十試,輒被放。楊氏既以科第世其家,觀察府君交滿天下,又以君之才若稍稍自絃,當早達。君顧怡然安之。試未嘗不與,與亦卒不中選,忽忽以至於今二十餘年。初,觀察府君以翰林改外,歷官河南、江西守令,君皆從,以故讀書屬文外,兼明習吏事。觀察府君知君可出而仕,而君連不得志於有司,懼才不見試。會朝廷開治河事例,入貲以知府注選。當是時,觀察府君累備兵南韶、高廉、雷瓊討海寇,著奇績,旋兼領按察、轉運二使,家門方盛。君顧久留里門讀書,不即赴選。觀察府君廉而好施,素不以庸子畜君,益縱君揮霍結客。逮觀察府君捐館舍,君迎喪歸,營葬,刻遺書,遂至大困。君之葬也,君弟書高至,多方假貸,拮据成禮。嗚呼!此可以觀君矣。君尤好為詩。同時之工詩者,張琦、丁履恒、洪飴孫、周儀暐、管繩萊諸君皆磊落任氣,每有讌集,操筆千言,或數百言,君獨為短篇,清遠夷曠,時出諸君右。雖諸君亦時自失也。其標格如此。君卒於嘉慶二十一年八月十五日,年四十有三。娶董氏,廣西潯州府知府思駉女,例贈恭人。先卒。男子四人:瓚、璋、璘、瑜。璘,書高撫以為子。女子一人,適士族。書高以是年九月二十六日命瓚等啟豐東鄉王舍村觀察府君之昭、董恭人之藏而合窆焉,禮也。余與君交垂二十年,

蹟疎而意親，知君之深，在文采然諾之外。銘幽之文，誼不可辭。銘曰：跡君之遇，嗇邪？豐邪？定君之品，介邪？通邪？目論者寧以君為窮者徒邪？庶讀君之詩，而穆然於陶潛、韋應物之風邪？

大清賜祀忠義祠附監生吳君墓誌銘

吳君諱星萃，字東聯，陽湖馬蹟山人。父桂枝，以名進士為經師，受業弟子數百人。故修撰金先生榜、今太保大學士董公誥，其尤著者也。君早稟庭訓，未冠即補學官弟子。進士君與先君子交相善，以女妻先兄繼皋。進士君歿，君時時讀書余家，先君子頗稱譽其所為制舉文。已而，依董太保於京師，肄業國子監。凡客京師三十年。君既屢試不讎，欲南歸，輒因循不果。年未三十，即喪婦無子，亦不更娶。有友人姚君者，官曹縣令，請於董太保，偕君而東。嘉慶十八年，林青之黨將為亂，金鄉令吳堦捕得崔士俊，即羽檄各縣緝賊至曹。姚令不之信，君力陳利害，並為設鈎致方略甚具。姚令意稍動，而吏役多賊黨，奔告其魁。知事泄，遂先期攻縣署，入之急，求得君，叱曰：「勸令捕我輩者，汝耶？」君曰：「然。恨令不早聽吾言，使汝曹猖獗至此。吾年七十有二，豈畏死邪？」賊益憤，攢刺之，被數十創。姚令一家亦遇害。賊去，有營兵數輩至。君臥積屍中，見之，呼曰：「吾已無生理，幸加刃，令我即死。」兵憐之，為斷氣管，乃絕。時九月初十日也。吳堦既得崔士俊，旋誅其黨桀黠者數十人，金鄉獲全。巡撫將上其功，並陳姚令死難狀。堦先已遣人間行求得君尸，棺斂如禮，置佛寺中。至是，請以君名附奏。得旨，入祀忠義祠。嗣子某以二十年八月迎君柩歸馬蹟山。越九月，啟君配汪孺人之藏而合窆焉。里中士大夫會葬者數十人。方吳堦之擒崔士俊也，訊得林青九月十五日潛入禁城之謀，馳報大府，兩司以下無不駴且笑，以為邀功生事，非獨一姚令然也。賴巡撫據以上聞，堦之功在滑令強克捷上。顧君以一老諸生，又平生選懦恒緩不及事，而先事設謀，臨難致命，乃能如此，其殆養之有素邪？抑進士君粹然儒者，靈爽實式憑之邪？吾媿向者知君之淺也，乃為之銘曰：安居專城急斯棄，彼何人哉守土吏。君令客耳宜可避，挺身罵賊徇大義。煌煌殊恩逮九地，君之始願寧所冀。我銘其幽不出涕，君骸雖殘有生氣。

亡甥湯君墓誌銘

湯君名貽憲，字邦鎮，陽湖人。祖大賓，潯州知府。以君世父雄業，官廣西布政使，進階通奉大夫。祖母繆氏、楊氏，贈封夫人。父康業，寧海知州。

母陸氏。先君子第二女實生君。繼母莊氏。先君子外孫十人，君最長。數年以來，亡其三人，而存者又皆奔走四方，或官丞簿於數千里外。惟君獨家居，得長相見，時時觳蔬沽酒，追述兩家往事，相與感歎慰勉，唏噓久之。因及通奉府君暨楊夫人之所以待餘者，益泣下不能自已。嗚呼！豈意今日思之復成往事耶？方通奉府君之致仕也，先君子先已罷郡，里中多文酒之讌，或兩家子弟娶婦擢官，置酒高會，先君子輒以余從楊夫人，恒不聽余夜行。未日暮，即命君抱余置肩輿中以歸。逮先君子捐館舍，先太孺人課讀嚴，不令出外，惟以歲時修謁，通奉府君楊夫人留侍竟日以為常。數年，布政君卒於官，通奉府君楊夫人相繼逝。寧海君以病不勝喪，後楊夫人一日終於苫次。自是門戶中落，十年之中，漸至典衣鬻田，遣散僮僕，蕭然如竇人。君既襁褓失恃，復痛寧海君，以衰麻下地，家計又日益窘困，怛焉內傷，常閉戶謝客。獨歲時展拜外氏家祠，辨色即至，積數十年，雖甚風雨，未嘗稍後。寧海君初未仕，莊宜人性嚴厲，君固恂謹，往往有意督過之。後寧海君官彰德通判，攜莊宜人去，而留君侍大父母於家，君枕上始無涕淚痕。嗚呼！綜君生平前後，皆憂虞顛頓之日，其中條暢安樂，曾不數年。今諸子俱以工詩能文有聲於時，將取科第仕宦以為君歡，而君乃不及待以死，豈非其命歟？君卒於嘉慶二十一年八月二十七日，年五十有二，例授儒林郎候選州同。妻趙氏，故三品銜貴州貴西兵備道翼女。男子子三人：端名，嘉慶十五年舉人；鴻名、揚名，並國子監生。女子子二人，姚師獻、趙公桂其壻也。孫三人：世琯、世瑾、世琪。君之歿也，端名、鴻名俱在都下。揚名刲股肉和藥以進，不效。復刲之，卒不起。君既未仕，又無所著述以自表見，然其內行肫摯處，盛滿而不矜，當困阨而不喪所守，亦足以繼前型而訓後嗣矣。傳云：「世祿之家，鮮克由禮」，豈所語於君哉？端名等以某年月日葬君某原，請銘於余，不忍辭也。銘曰：四時之序，一虛一盈。成我宅相，當在彌甥。惟水有源，惟木有枝。不竭不折，訊此銘辭。

潼關仝知莊君墓誌銘

莊君諱逵吉，字伯鴻，武進人。於前邠州知州所為子，於故國子監生誥贈奉政大夫蓉纕為孫，於故開州知州學愈為曾孫。武進莊氏自刑部侍郎應會請免江西全省積欠，為國初名臣，子孫多貴顯。至邠州君學於舅氏錢文敏公維城，才名甚盛。君既名，父子又早慧，俶儻自憙，多興服聲伎之好。邠州君性通脫，不以繩度束君。甫弱冠，即縱使遊俠結客。每江鄉張燈競渡，君清譚玉貌，跌

盪其中，見者無不傾靡納交惟恐後。而老師宿儒言行端謹者，亦頗笑以為狂。君固知之，愈益甚。余家與莊氏世為昏媾，垂髫時即識君，而先太孺人以端謹為教，禁勿與君遊。君亦時時省邠州君於秦中，咸應京兆試，不恒里居。蹤蹟疎濶，歲時相見，一揖即別去，意中不知君何如人也。君獨心好余，屢欲自通，輒又不果。如是者數年。乾隆甲寅，余應鄉試，與君同號舍。是科初以五經取士，見君所為文沉博絕麗，訝之。試畢，君來訪余。余往報君於家，就君案頭見所校《淮南子》、《三輔黃圖》諸書，乃笑謂君曰：「人言君不學，雖吾亦以君為不學也。且君顧安所得學時邪？」君曰：「負謗久矣。幸吾子終察之。」因惘然自述數年來相慕之意。歸告太孺人，太孺人許諾。遂數與君相過從，知愛日益深。余好面折人，既與君定交，益不欲有所藏匿。君有過，必眾責之，辭氣往往太過。後吳君堦、崔君景儀、祝君百五、莊君曾儀、丁君履恒暨余兄子耀遹皆以勸善規過為君良友。君於諸君，雅好辯難，雖已心服，不肯遽默。獨於余言，冰釋響應，色喜心夷，隨時遷改，未嘗有忤。每與余別，未嘗不灑淚。及歸，急走過余。雖已昏莫，必籠燈行，未嘗至旦。君以詞章受知於畢宮保沅、王少司寇昶，又與錢州倅坫、洪編修亮吉、孫糧儲星衍為考據訓詁之學，故其在關中名特盛。少年時視科第為故物，既屢不中選，益厭苦場屋。嘉慶戊午，順天鄉試報罷。值朝廷開川楚事例，遂請於邠州君，入貲為知縣，分發陝西試用。陝西，君熟遊地，盡知其民之誠偽良悍與政之利弊得失顧。以邠州君官其地久，所至有循聲，懼不克肖，則悉屏所好輿服聲伎，專志為治。耀遹實與偕行。初至署咸陽，再署大荔，補藍田，調咸寧，擢潼關全知。耀遹告余曰：「君每日晨起，啜粥盡一器即出，坐堂皇決事，耳聽口答，書牘尾，嘗數十行，如燭照數計。」奸民不能譸以欺，私相戒曰：「此小包公也，慎毋犯之。」其知咸寧也，有兵馬司指揮為橫鄉里，王仙人者以傳道惑眾。君上事數日，即擒治，各論如律。凡君前後所獲尚朋、李綠林、張明道、李光岳等數十人，皆巨盜大猾。大府方勤襄公維甸、朱公勳目君健吏，倚如左右手。然君尤以廉惠為本。嘗冬夜入獄，閱囚囚二十餘人，君語之曰：「歲行暮矣，若曹豈欲一歸省父母妻子耶？」眾皆泣不敢應。君慨然曰：「限開印前一日各自投到，無負我。」遂悉縱之。至期，而二十餘人中，惟少一人。方擬遣役致諸其家，而其人已馳至，叩頭曰：「距城遠，門且閉，幾不得入。」咸陽人相傳以為美談。大荔號銀窩。紳士初見，令奉千金，或數百金為壽。君延入之，而盡卻其贄。荔人曰：「舊例也。」君笑曰：「新令安用舊例？」荔人愕。終君任，不敢干以私。君

既調咸寧，邠州君即致仕。比擢潼關，皆就養署中，嘗為余言君之致疾也。同州旱，禱雨未應。君猝無計，長跪烈日中，歷兩時許，雨驟至。從者請曰：「可以起矣。」君曰：「今日雨不沒踝不起。」已而，雨果沒踝，歲卒有收。而君以中濕，故病足。會滑縣軍興，陝甘兵奉調出關者相望於道。君力疾供億餽牽，足遂大腫，不可韉，以至不起。初，君禱雨大荔，請以一子為龍神子，易甘澍濟民。雨集而子暴死，至是益以身殉。嗚呼！可哀也已！君卒於嘉慶十八年十月二十三日，年五十有四。配汪氏，無出。繼配陳氏，妾丁氏、李氏。男子子三：鈐、庚、鍇，而庚幼殤。女子子二：一嫁永濟崔曾益，一未字。君通曉音律，好作篆書，畫學錢文敏。三十後究心《靈》、《素》，時時有所論述。余求諸其家，不可得。又所著《吹香閣詩》，喪舟滲漏，為水浸，不可識別。惟《秣陵秋》、《江上緣》樂府二種，稿本尚存邠州。君不知余之不文也，使鈐、鍇兄弟以墓石之辭為請，且曰：「葬未有期，吾老矣，兩孫幼。吾子預為之，以待事其可。」因就所聞撰次之，而以余所自欲言者附綴於篇。於君生平無所隱飾後之人可以觀君矣。並繫以銘曰：設講院，興水利，於君為事之常，而弗勝志也。凡列於篇者，皆人之所難能。嗚呼！子孫其有興焉者乎？

方彥如壙誌銘

彥如諱履筠，吾友方履籛彥聞之弟也。彥聞於學無所不窺，而尤善為齊、梁之文。嘗語余曰：「吾弟年十九，雅好是。他日幸從諸君子後，必能有所成就。」彥聞篤友誼，有急，奮不顧身。力不逮，則歎曰：「吾弟有至性，他日縱使結客，其任事勇銳，非吾及也。」夫以彥聞之不妄譽人，而自許其弟者如此。嗚呼！此豈獨方氏之不幸，而彥聞同氣之感為無窮耶？方氏，故大興人，僑居陽湖數世矣。今廣西永康知州聯聚，彥如父也。其生卒以嘉慶四年月日二十二年月日。娶於某，無子。遺文十餘篇。彥聞方與余同客京師，既得彥如赴，馳詣永康，將請於永康君，挈其喪歸葬，而預乞余文以待事。余不忍辭也。為之銘曰：孰才而夭耶？孰不才而壽耶？造物者必自有說，而孰發其覆耶？已焉哉！

建陽知縣陸費君墓誌銘

陸費君諱墀，字舟若，桐鄉人。君之先諱錫者，順治十八年進士，山東平原知縣。始姓陸費氏。錫生淮，縣學生。淮生椿，候選訓導。椿生熙用，雍正六年舉賢良，官至山東武定知州。熙用生墀，乾隆三十一年進士，由庶吉士歷

官禮部左侍郎。是為君考。母一品夫人張。君以《四庫全書》館謄錄，議敘州同，發安徽試用，署鳳陽，通判宣城、合肥縣丞。丁父憂，去服，除補亳州州同，擢宿松知縣。緣事革職，尋復官，選福建建陽知縣。順道歸省張夫人，卒於里第，時嘉慶十八年九月十二日也，春秋六十有三。配安人祝，繼配安人蔡，皆無子。以弟元鎮子觀瀾後。方君之充四庫謄錄也，侍郎公實總書局。君處儕輩中，未嘗有所表異。與人交，若落落難合，亦終無所迕。館事畢，即歸讀書。京朝大官稱佳子弟，輒首君，以為清素恬退，稱其家風也。既試吏，手批口答，案牘無留滯。暇則讀書，如在館時。其宰宿松也，宿松民悍而狡。子弟讀五經畢，即讀律習訟。辭術成，武斷鄉里，吏弗敢犯。君至，縣以法繩之，奸民大譁，陰謀去君。某生者，其尤也。逋課積年，糧胥雖屢受杖，相戒不以聞。至是，君索之急，胥不得已，伺其入城，探示懷中牒，擁之而行。某大怒，拳傷數人，然竟不得脫。既至訊逋課得，實移檄校官，繫明倫堂，約曰納課乃釋。某生暴橫久，猝被摧折，以為大慚。一夕，自經死。臨檢，得書懷中，列校官婪索狀，辭連君。奸民欣然，欲藉以傾，令嗾其子歷控府司院以至刑部。事下巡撫，奏請革職。比鞫訊，告者坐誣。君奉特旨開復，以原官注選。嗟乎！良吏之難其人也，下者操行不謹，為宵小所挾持，甚至束縛馳驟，不克自振拔。其或稍知自好，則務為優容含忍，冀且無事。然間有一二武健不畏彊禦者，又易為蜚語所中，罷任待勘。勘幸得直大吏，輒以既革職為無庸議，坐廢棄者往往而有。如君者，可謂幸矣。然亦卒不獲盡其才以歿，則豈非其命歟？余與君從子恩洪交相善。觀瀾將以今二十二年月日葬君某鄉某原，恩洪自湖北麻城馳書請銘。道遠，不可以辭。銘曰：君之宗，本費氏。舅氏陸，撫為子。凡五傳，始兼姓。兩不忘，誼之正。越秩宗，門益昌。名父子，宜循良。志未展，籲可惜。利後人，固幽宅。

瑞金知縣惲君墓誌銘

嘉慶二十二年八月甲午，故瑞金知縣惲君卒於常州鳴珂里寓舍。越十月戊子，葬石橋灣祖塋。君弟敷奉太夫人命，徵銘於余。余媿謝不敢任。會敷將之官，葬期迫，不可固辭。謹按狀：君姓惲氏，諱敬，字子居，陽湖人。祖諱士璜，考諱輪，並以君貴，贈封文林郎。母鄭孺人。君中式乾隆四十八年本省舉人。五十二年，充咸安宮官學教習。五十五年，期滿引見，以知縣用，選浙江富陽。嘉慶元年，調江山。父憂，去官。既喪，選山東平陰。引見，改授江西

新喻，調瑞金。君先後為知縣十八年，所至輒忤其上官，而上官之賢者亦輒保護之，使忌者不得逞。君又自以勤廉明決，無可乘也。即可乘，固不以一官得失介吾意，故雖屢瀕於危，益侃侃無所瞻徇。最後署吳城同知，為奸民誣告家人得贓，遂以失察被劾。當是時，前撫刑部尚書金公光悌先已薨逝。今兩廣總督阮公元自河南調撫江西，未至，布政使方護理巡撫印務，嗒曰：「惲子居大賢，乃今以賄敗。」君既奉部議革職，自南昌還至瑞金，頓首謝鄭孺人曰：「為吏不謹，貽太夫人憂。」鄭孺人笑曰：「吾知此獄無媿於汝心，故不汝責也。且汝好直不能為非，理屈得禍，當不止此。今以微罪行，幸矣。」初，君之再謁選也，石橋灣故居已奉君考文林府君遺命，讓兩從父居之，而君挈兩弟及妻子奉鄭孺人之官。至是，別假館所親，未獲寧處。屬有門下士官安慶知府，試往謀之。得疾，歸，歸寢十日而歿，春秋六十有一。君少年好為齊、梁駢儷之作。稍長，棄去，治古文。四十後，益研精經訓，深求史傳興衰治亂得失之故，旁覽縱橫名法兵農陰陽家言。較其醇駁而折衷於儒術，將以博其識而昌其辭，以期至於可用而無弊。蓋於本朝諸公，方苞、劉大櫆、姚鼐，非徒不媿之而已。而同州之為古文者，張惠言、秦瀛、趙懷玉、吳德旋、吳育、董士錫、顧翃亦推君無異辭。余年十九，即獲交於君，幸得君文以銘先太孺人之墓。甫四易歲，而余乃銘君墓也。嗚呼！可感也！夫君文初、二集都八卷，外集及詩詞各如干卷，他所著書並有序刻。集中其治獄，別有《子居決事》四卷，後當有考，故不具。配孺人陳氏，繼配孺人、高氏。丈夫子一人，穀。女子子七人：吾友歸安姚晏聖常，其壻也；余未行。孫二人：榮孫、玉孫。銘曰：嗚呼！以君之才與其所學，宜大有為於世，而顧止於斯耶？即以君為御史、給事中、補闕、拾遺，亦其選也，而厪以正言讜論博從政者之一怒耶？嗚呼！此造物之所主，而又誰尤耶？後之人當有讀君之遺書，而致其無窮之思者，否耶？

崇百藥齋文集第十八

墓碑銘　墓表

榮祿大夫兵部左侍郎加一級萬公神道碑銘代吳少司農作

　　我聖清以文治化成天下，而以為推之當自近也。故皇子生五年以上，即入上書房，所以涵濡德義，陶冶性情者為力至勤，而為時至久。彼前朝偶一出閣聽講，即望其識孝友之方，化驕泰之性，通古今治亂之變，不亦難乎？自烜為翰林，見詞臣之侍學三天者，皆能慎體國家立法之意，盡切磋砥礪之功，而義寧萬公為尤著。

　　公諱承風，字和圃，故江西寧州人。寧州嘗有捍禦教匪功，上嘉之，賜今名，故公為義寧州人。義寧萬氏，世有隱德，為鄉祭酒公之曾祖曰瑞麟，祖曰舞，父曰鉉，皆以公貴，贈一品階。公早補諸生，中式乾隆四十二年本省舉人。四十六年，成進士，改庶吉士。散舘，授檢討。久之，奉旨在上書房行走。蓋盡敬竭誠，從容講論者，先後二十餘年。公分校京兆者再，典鄉試、視學各四，知武貢舉及殿試讀卷各一。而其主考雲南也，上在藩邸，錫七言律詩一章，一時同奉使者以為榮。公由檢討擢右贊善，轉左，歷中允、侍講。會廷試翰詹，而公卷違式，列四等。故事：開坊翰林列下等者革職。上以文字清順，降公檢討，再擢贊善、中允、庶子，歷學士、少詹事、禮部侍郎，降補內閣學士，擢兵部右侍郎，轉左，署工部，兼管錢法堂事。初，公之視學安徽也，安徽士子數與江蘇等，而入闈之額僅十之四。公言於制府，飭提調，增葺號舍，遂得多

錄八百人。公性和易，與人居，未嘗有所忤。然遇公事，則言之侃侃，不少依違。其在廣東時，試瓊州畢，將北渡矣，值洋匪滋事，稔知游擊某庸劣，恐益廢弛，立專摺糸奏。在山東時，屢奉密諭，詢問大吏居官行事。公秉公諮訪，輒據實密陳。至於整士習，植善類，剔姦弊，無不盡力為之，故所至得士心。公於學，無所不窺。文似歐陽文忠，詩不分唐宋界，而和平感人。書學黃文節。立朝垂三十年，受上知最深，眷最渥，屢拜御書福字、御製書籍詩篇及畫軸、端硯、如意、朝珠、貂帽、葛紗、香佩、宮扇、藥錠之賜，天下想望丰采。而公遽以微疾長逝，時嘉慶十八年十二月二十一日也。嗚呼！惜哉！公享年六十有一，以某年月日葬於某鄉，配夫人劉氏祔，禮也。公生男子子五人：方雍、方貞、方熙、方泰、方樹，而方泰幼殤。女子子四人，並適士族。孫四人。烜既與公先後入詞館，又申之以婚姻。屬公將葬，方雍等以神道之文為請，不敢以不文辭。銘曰：䚟䚟萬公，經師人師。不為矯世絕俗之行，而粹然底於無疵。我銘其墓無媿辭。

山東鹽運使司濱樂運同劉君墓碑銘

君姓劉氏，諱世棟，字若木。始祖汝材，為明僉都御史。自南昌遷漢川，遂世為湖北漢川縣人。祖之定，考岳，並贈中憲大夫、奉天府治中加二級。祖妣左氏、張氏。妣唐氏，恭人。君中式乾隆三十五年本省舉人。四十六年，大挑一等，引見，以知縣用，分發河南。初署息縣事。息於光州諸屬縣最稱難治，君開誠待之，數月無鬥殺劫盜之獄。未幾，補商水。值歲饑，君賑貸有法，全活甚眾。凡官商水八年，以卓異積俸推升貴州正安知州。正安在萬山中，苗民雜居，不可化導。戚族多尼君行，君不可，則遣妻子歸，獨身之官。南大呂者，方聚眾抄掠，至數千人，結寨自固。間有兵役過其地，輒支解之。君既上事，即求得大呂謀主某，諭以禍福。某感泣，請擒大呂自効。數日得之，論治如律，群苗驚疑有神助。君乃稍稍因其俗，為定婚嫁喪祭之儀。又日進其耆老秀士，從容為言年穀順成室家相保之樂，而刑罰死喪之可畏，使各歸讀法於鄉。稘年，正安大治。由正安調黃平，前後十五年。再以積俸推升奉天府治中。治中秩滿，又推陞山東濱樂運同。運同事益簡，始得讀書屬文，招賓客譚讌為樂。而君年已七十五矣。國家承平日久，上自宰執卿貳，下逮庶司百職事，操圓循規，引方合矩，無可自表異。而守令之賢者，務與民休息。安於久任，以躁進為可恥，故其中較論資格，馴致通顯，固不

乏人，而位不稱其才，才不竟其用者，即亦往往而有。如君者，假令處方岳之任，其設施詎止於此，而終身未嘗一膺特擢，為可惜也。雖然，君惟不盡其才，而君之所養乃愈可見矣。君在山東四年致仕，君孫珊已官江南天長知縣。君來就養，卒於署舍，時嘉慶二十年十二月十八日也，春秋七十有八。配恭人陳氏，生丈夫子四：修章、修程、修憲、修式。修程官江南金壇縣丞，先君卒。女子子一人，壻曰陳儒書。孫六人，長即珊，修程子，嘉慶十六年進士，今官合肥知縣。曾孫一人。君生有夙慧，五歲背誦王勃《滕王閣序》，終篇不遺一字。既長，旁通天文、推步、勾股之學，以至《內經》、《本草》，靡不究心，故生平好為人治疾。官事既畢，按脈定方，日進百數，而君不倦，此又前古循吏所未嘗有者也。君既葬之五年，繼輅始與珊定交，辱以墓石之文為請。珊文采治行為當世所指，數宜有開其先者。及觀於君，乃益信，因掇其事之大者著之篇。其他撫字聽斷之勤，具於狀者，弗勝書也。銘曰：中丞之遷十一世，逮君之身始祿仕。益厚其植培其根，昌君門者君之孫。佳城鬱鬱漢水濱，五百年後訊此文。

莊傳永墓碣銘

　　嗚呼！貴賤夭壽，理之不可憑也久矣。載籍所紀，顏淵、冉伯牛之徒，其事在千載而上，然而掩卷浩歎，怨憤悲悼，如其始亡。一若諸賢得享耆頤之壽，其人可以至今存者，況其事得之目見、其人為平生之所習，其為怨憤悲悼益何如哉！吾自先友張皋文卒於京師，見其柩之歸而疑之，以為斯人宜享大年，俾克有為於世，不應遽止於此，蓋至今十有餘年，而猶若有所未信。嗚呼！豈意復遭吾傳永之變也！

　　傳永少孤，受賢母夏太夫人之教，所誦經訓史傳數十百萬言，所學為魏晉齊梁唐宋詩文，亦數十萬言。於流俗驚喜歆羨之事，泊然無所動於中，故其氣常充然而有餘，其胸懷浩然有以自樂，無幾微憂傷憔悴侘傺感激之意見於顏色，發於音聲。然且病，病遽以死，何哉？世人求其故而不得，則委之於數。夫數之為說，創自何人？而自古及今，聖賢豪傑魁偉閎達之士皆俯首斂氣於其中而莫能自越也，豈不大可怪哉？傳永為先母莊夫人從孫，然最為吾母林太孺人所敬愛，繼輅受命以兄事之。繼輅言行有所過差，傳永蹙然如芒刺之在體。見余改之，意始安。嗚呼！哀哉！以繼輅之無似，而幸不為君子之棄者，皆吾傳永之力也。

傳永，陽湖人，諱曾儀，一字心崖。其所居曰仁里，其讀書之室曰養直居。其人長身而玉色，光采奕奕照人。好自裝池書畫碑帖、琢硯、刻小印，皆絕。工篆書，學碧落碑，真行書學趙文敏。以嘉慶十二年正月日卒於崑山張氏，年止三十有九。祖櫨，乾隆間舉人，官江西臨川知縣，有善政。父述，早卒。妻張氏，故懷遠知縣瓚女。先卒。子受，未昏而殤。族之人議為傳永後者，當在傳永從父兄弟某之子，而某亦未昏。傳永受業弟子管繩萊以二十年月日葬傳永夫婦父子於常州府小北門外。其明年，余與傳永平生故人丁若士、魏曾容數輩往省之。小北門故多塚墓，懼日久益蕪雜，始為立石而銘之。銘曰：是吾郡有道能文之君子，莊先生埋骨地也。後之人固當讀其遺書，而想見其為人矣。詎不為之禁採樵如柳下季耶？嗚呼！

殤冢碣

陽湖陸氏葬殤之兆
右碣陽

陸繼輅祁孫子耀連，嘉慶三年十二月二十日生，五年六月二十一日殤，聘永濟崔氏副榜貢生四川金堂知縣景儼女。連之將生也，太孺人夢一老僧徑入臥內，怒訶之。僧合掌曰：「勿瞋，乞施米三升耳。」既覺，而連生，心疑其不育也。已而，果然。

弟四女季貞，七年八月二十一日生，十三年十二月初十日殤。時余客都中。季病瘵百日，語其姊曰：「為我謝阿耶，為女不終。」遂瞑。

弟五女閏貞，十年八月二十七日生，十二年正月二十一日殤。閏之殤也，無病。既瞑，容色如玉。其母冀其更生，抱置懷中逾數刻。嗚呼！此女子子也，逮長，遣事舅姑。斯已矣，於余何所輕重損益而必奪之也？哀哉！

弟六女同喜，十三年五月二十二日生，十四年七月初一日殤，距太孺人之終甫八日。其父母不暇顧視，亦不知所攖何疾也。嗚呼！

余次女君素之葬也，於洪氏之邙，非禮也。知其非禮而故蹈之，則制情之難也。君素名綵勝，年十有八，未昏之壻曰洪敎曾。其婉順明慧及生卒月日，具董君士錫所著壙誌。右所列一子三女，皆葬宅西蔬圃中，各為一塚圉，半畝許，距宅五十步。以余之不恒其居也，為通置一石而銘之。

銘曰：吾之於世也，其處子子也，其行踽踽也，重以天屬之戚，上自父兄，下逮子女，若是其煢恤也。其奪之也有故，則又何修而與之？且數與之也。嗚

呼！果有主之者焉？否邪？

右碣陰

韓君妻葉孺人墓碣銘

余既與上元韓奕山定交之明年，閒語余以家事，而知其妻葉孺人之死非正命也。於虖！哀哉！孺人年十六歸於韓，韓固素封。奕山少年結客，始傾其家，孺人以纂組佐太孺人養。而向所招致戚族或翁媼龍鍾，不忍，遣去，為具食飲如常。常終日不得息，積勞既久，日漸羸憊，至臥不能起。太孺人憂之，深責奕山，營醫禱甚備。奕山性尤介，恥以緩急告人，日仰屋愁歎，皇皇無可為計。孺人心不自安，欲速死以絕太孺人意。因語奕山曰：「妾病無生理，然固不即死。姑老矣，而君酷貧，其何以堪此耶？」語次唏嘘不自勝。奕山雪涕慰之，然亦不虞其有他也。一日，以事暮歸，孺人已紿諸女他往，闔戶雉經死，實嘉慶十八年五月十八日也，年四十有七。嗚呼！孺人之疾，非有所創痛不可終日也，徒以曲體其姑與夫，遂不惜捐生以抒其困。自古敗軍之將、亡國之大夫，往往遷延畏葸，喪其生平。其有忼概赴義者，無不與日月爭光。而孺人之死，乃獨輕於鴻毛也。嗚呼！其可悲也！

夫孺人諱欄，字憑之，奕山同縣人。奕山名光，縣學生。男子子一人：芸才，而早逝。女子子三人，適士族。奕山以某年月日葬孺人某鄉某原，其高識淑行，詳劉君珊所著家傳。余獨悲孺人之死不合於道，而志乃出於仁孝，輒因奕山之請而為之銘，曰：天邪？人邪？妃耶？仇耶？嗟賢者之不遇時，乃至不能庇其伉儷，以至於斯。

河津知縣龔君墓表

宜城龔煜客遊吾常，於常文學之士無弗接也。獨心折繼輅能為韓歐之文，而求表其先人之墓。繼輅雖不敢當此，然於煜則可謂孝矣。煜之言曰：「吾父以乾隆三十一年成進士，選山東清平知縣。時大父已先卒，獨奉大母尚太夫人之官。方以善折獄受大府知，將遷矣。而尚太夫人寢疾，遂陳乞終養。凡歸侍太夫人十餘年。太夫人歿，服除，又十年始赴吏部待次。會山西巡撫請揀發州縣，吾父與焉，始至署潞城，又署屯留及永寧州，補河津五年，以年老致仕。」煜言未竟，繼輅喟然曰：「儉哉，龔君之於仕也！使君官清平時以將遷，故稍濡滯其行。太夫人疾且愈十餘年之久，當一再擢不止，而君之歸曾不可以終日。逮三年之喪畢，急馳謁選，人以君之才猶可致通顯，以償其前此之投閒置散。

而君復眷戀墳墓，遲回不忍遽行，以至又十年之久。而君乃以縣令終矣。嗚呼！惜哉！」

君諱國榜，字金題，終年七十，葬某鄉某。原配夫人某氏。丈夫子三：長煥，宜城學廩生；次即煜候，選縣丞，為叔父後；次炯，嘉慶十八年選拔貢生。女子子三，邱德耀、郝繼曾、樊學淦，其婿也。孫二：培詒、培謨。君友于兄弟，任卹於鄉里。煜更述十餘事，皆可訓。茲獨論列其出處之大，俾刻於石，使龔氏之子孫出而仕者，知君子難進易退之義，篤天倫而淡榮利，世為家法焉。陽湖陸繼輅表。

掌廣西道監察御史管君墓表

君姓管氏，諱世銘，字緘若。所居曰韞山堂，門下士因稱韞山先生，故韞山之字特著。曾祖檢，刑部郎中。祖昌，雍正間舉人，廣東鹽場大使。父基承，國子監生。祖、父俱贈朝議大夫、浙江道監察御史加二級。祖母徐，母王，俱贈恭人。君乾隆三十九年舉人，四十三年進士，引見以主事用，分戶部行走，旋補山東司，充軍機章京，擢雲南司員外郎、山東司郎中。六十年，改浙江道監察御史，奏留軍機處。嘉慶三年，轉掌廣西道。故事：部郎充軍機章京者，改官御史，即罷直，或經軍機大臣奏留，其儀注仍如司官，不得專達封事。

君少讀史，慕汲黯、朱雲之為人。及成進士，金壇于文襄公實為總裁。文襄好士，所援引或數年至卿貳。君旅進旅退，未嘗獨求見，以所能自異。文襄薨，和珅浸用事，君益憂憤，每與同官論前代輔臣賢否，語譏切無所避。和珅微有聞，而章佳文成公方倚君如左右手，猝未有以中傷君。君既擢御史，則大喜，夜起徬徨中庭，搆疏稿未成，而仍留軍機。命下，俞文成公請也。君廢然入謁文成，自言媿負此官。文成知君意，慰之曰：「報稱行有日耳，何必汲汲以言自見耶？」蓋文成期君大用，不欲君以擊姦獲譴，其用意至深。君亦感悟，稍自韜晦，而諷諭之意一以寓之於詩，今所傳《韞山堂集》是也。後四年，朝廷行大賞罰，薄海臣民歡呼相告語。而君已前歿，不及見。嗚呼！可哀也已！卒於嘉慶三年十一月十二日，春秋六十有一。配恭人張氏。以五年十一月日合葬陽湖新塘鄉之原。子學洛，候選知州，後君十一年卒。孫繩萊，慷慨尚氣節，習君者以為酷似君。用形家言，於君既葬之十八年始立石，於君之墓而徵文於繼輅。繼輅既與繩萊遊處如家人，又多獲交於君及門弟子，熟聞君之志行，不可以不文辭，因繫以辭曰：君子小人，消長固有時耶？胡四凶之誅殛，必有待

於重華？嗚呼！君雖齎志以歿，而慶慰之意當無間於死生。後之人尚讀君之遺詩，而信余言之有徵。

皇贈武功將軍常州營游擊加二級張君墓表

君姓張氏，諱朝棟，字遜甫，蒙城縣之劉仙里人也。少俶儻，常欲赫然著奇績。雖補博士諸生，輒好與暴桀子弟遊處，而陰撫循之，有願為君死者。蒙城令董君仁柔而黯，縣役王淳屢以小忠自効，遂大信用，橫於縣中。縣中某鄉故多豪右大猾，以誅淳為名號，名不逞之徒，圍車結營，期旦日入縣署。董君窘不知所為。君自陳素與此曹習，願獨身往諭之，不聽而後勤。董君方倚君為扞蔽，堅不聽君行。君乃為尺一書，開說大義，俾董君遣吏持往。吏相顧駭愕，莫敢應。劉鴻謨者，亦君所與遊處之暴桀子弟也，奮然請行。君大喜，自以良馬為贈，鈴聲琅琅然馳去。日暮抵某鄉，呼曰：「我劉鴻謨，劉仙里張君使者也。速開壁入我。」既入，群猾發書共讀之，感悟泣下。夜向盡，復聞鈴聲加屬，則鴻謨與首事者數人至。君以見於董君，為杖王淳百，下之獄中，事乃已。時嘉慶七年七月也。其後三年，宿州牧以貪酷激民變。廬、鳳、穎兵備道珠隆阿君勇力絕人，聞亂先至，傷左腕，創甚。賊勢益張，聲言將分兵掠鄰縣。蒙城令張君造君，謀守禦計，慮額設兵不足用。君立團鄉勇三千人，約人自置械，而君發私廩為餉，命其子殿華統之營城外十數里。會巡撫亦以標兵至，擒斬倡亂者，宿州平，蒙城解嚴。當是時，張君之名振江北。先是乾隆五十一年，蒙城旱。明年，大疫。又明年，黃水決。君輸家財助賑，招集流亡，養生送死，規畫甚具。歲既稔，又蠲貲創設書院，俾諸生肄業其中。於是始有領解者，以故蒙城人無良莠皆德君。猝遇變，君得以從容指揮，錯鄉里於磐石之安，蓋其用心深矣。嗚呼！豈不偉歟？君之子殿華，中式嘉慶三年武舉。六年，成進士。七年，君女之夫陸鳳翔復以武探花及第。里人踊躍相告，語以為為善之報，乃今得之目驗也。嗟乎！方川楚教匪蔓延時，朝廷需才急。使君有大力者為之援引，得操尺寸之柄，建樹寧止於此？乃天若故靳之，俾隱而不耀，而以昌其子孫。此於君之意中為得失未知何如，而徙薪曲突之功，造物者固已默鑒之矣，又奚惜哉？又奚惜哉？君卒於嘉慶二十年八月二十九日，春秋六十有六。祖晰照，候選州同。父應序，國子監生。暨君三世，並以殿華貴，贈二品階。配夫人李氏，繼配夫人郁氏、楊氏。丈夫子五人：長即殿華，常州營游擊；次兆鳳，候選按察司司獄；次殿傳，縣學生；次兆琪；次兆璜。女子子四人。孫五人：芹、藻、芝、蘭、慈福。以二十四年月日葬某鄉某原。陽湖陸繼輅表。

魏封君墓表

嘉慶二十有四年五月己丑，魏封君卒，春秋八十有四。州之人犇走相告語，諮嗟涕洟，若猶惜君壽之不延者，何其感人之深若是耶！蓋君少習醫，挾其術以活人，又常以所得報謝之貲為人謀。養生送死五，十餘年無倦容德色。鄰里樂受君之庇，視為故常。君歿，私念無可復仰，故雖以君之壽考令終，而群然以為大感也。余幼多病，飲君藥輒愈。稍長，復與君之子襄為鄉舉同歲，交相善。於君之葬，宜為文表君之墓，以風勸後世。已而，襄果以為請，且言曰：「吾父醫術既大行，日或得錢至十數緡，居積之可以致富。吾父不欲富也，謹藏而驟出之。一旦為義舉，可以享盛名。吾父不為名也。吾見吾父日有當為之事，以罄其所入，而家人衣食亦寓乎其中。自年未及壯，循循焉以至於今。不孝兄弟隱食其福，而幾不自知也。」嗚呼！此不獨能知其親，亦可謂善言隱德矣。襄之始仕也，君寓書教詔，恒累數百言，大指以廉惠為本，而尤深戒近名。襄官洛陽時，以荒政報最，加五品銜。君聞命，蹙然不安曰：「此何等事，因以受賞？」然襄前後為令十年，未嘗敢以金為君壽。奉君赴，多方稱貸，始獲挈妻子以歸。次子衷，常侍養。君歿，哀毀骨立，余懼其不勝喪也，數數過之，欲有所陳說。而見衷號慟，卒不能舉其辭。嗚呼！此余所親見於君父子之間所為，感激深歎而不能已於言者也。君諱元，字應乾，常州武進人。國子監生，誥封奉政大夫。祖某，父某，俱不顯。襄，嘉慶十年進士，山東招遠知縣。衷，國子監生。孫五人。某年月日葬某鄉某原。陽湖陸繼輅表。

陳封君墓表

嘉慶二十有五年六月丙午，陳封君卒。孤維藩等喪葬如禮。復追思先人懿德醇行，宜託之立言之君子，以永其傳。於是維垣、維屏不遠數百里，持狀來請繼輅，媿謝非其人。不獲，則推原君立心制行之本而論之，以文其墓石。

君之先蓋嘗為賈，既致富矣，卒以好施傾其家。及君之身，蕭然如寠人，而施益力。孜孜竭其課徒賣文之所入，為人謀養生送死之具。凡敬節恤孤，皆有條例，較然可以行之久遠。甚至佛寺道觀之傾圮者，輒倡為醵輸，必集事而後已。吾聞釋氏之教，以清淨為體，以布施為用。二者若相背馳。既而思之，彼惟充其施子之量，至於肢體髮膚之所不惜，而後無有一物足以擾其清虛之府，近似君子窒欲洗心之學。其徒不察，附之以福田利益之說，抑已過矣。又況世之厚自封殖者，既陽陽然視鄰里鄉黨之肥瘠而無所動乎其中，

復挾其貲財造作種種泰侈淫佚之舉，此固釋氏之所悲哀，亦豈聖人之所矜宥者哉？觀君之好施，而君之束身寡過，從可知矣。余猶以君所處窮約，不克副其志為可惜也。

　　君姓陳氏，諱授，字石渠，江寧人。縣學生。其卒也，年五十有七。祖某。父某。配某氏，先君卒。丈夫子四人：維藩，縣學生；維垣，嘉慶二十四年進士，內閣中書；維屏，維垣同榜進士，山西候補知縣；維翰，縣學生。孫四人。某年月日葬某鄉某原。陽湖陸繼輅表。

崇百藥齋文集第十九

祠版文　哀辭　行狀　祭文

誥封朝議大夫候選布政使司理問加四級黃君祠版文

漅湖之陽，有隱君子曰揆也。黃君既歿之六年，余客合肥，其孫承谷、承憲從余遊，奉父常吉命，請為之傳。余告之曰：「非史官而作傳，與為異姓作家傳，皆非法。且子大父之葬，墓誌外，碑皆具復，何藉於余文？」承谷等固請不已，則取其行事可論者以為版文，俾著之廟，使黃氏世世子孫知餘慶之有自。

其辭曰：君諱鋒，揆也其字，合肥石塘村人。生十二年而孤，事母蔣恭人以孝聞。蔣恭人性好閒靜，君遂絕意仕進，於旁舍築一園，曰半園，彈琴讀書其中，泊如也。然君實非忘世者。乾隆五十年，廬州饑，君以重價買穀而賤糶之，全活頗眾。今上十六年、十九年，旱尤甚，君益輸粟助賑，前後各六千斛。有頌德者，輒謝曰：「黃氏家法也。吾踵而行之，尚恐不逮，其敢視祖父之遺貲為子孫之私蓄邪？」其立心如此。石塘村，合肥走江寧道也。縣人應鄉舉者，必經君之門。君無論知與不知，悉要入半園，置酒為餞。酒酣從容，問斧資之盈歉，而量為之贐。終君世以為常。君之喪蔣恭人也，將殮，石塘村方賽神聞君號慟為罷會。逮君既老，督子孫甚嚴，而事諸父彌謹，以嘉慶二十年十一月日卒，春秋六十有五。越某年月日，葬某鄉某原。系曰：漸水東，趙北際。君之先，兩循吏。祖楚秀，考存義。世有緒，以至君。君雖隱，澤及民。猗休哉，

如其仁。君之子,凡九人。門未昌,俟厥孫。谷若憲,學維勤。善必報,訊此文。

哀陳勳

陳勳,蘇州人,為洛陽令司閽。貧甚,債家迫之,遂雉經死。陸子見而哀焉,作此辭。嗚呼!勳,吾客洛陽一年矣,初未識汝於生,而見汝之死。汝之年已周甲,固來日之苦短,而胡不忍須臾以俟,豈無所戀而遂捐其生邪?抑所惡有甚於此,將有見於富之不可求邪,而一雪其執鞭之恥?嗚呼!勳乎,彼造物者果賤貧而貴富邪?胡不窒其流以為惡之戒,而儲其源以為善之誘邪?吾以為財者,天之所不甚惜,故恆聽其或甚有或甚無,而非於其間有所喜怒也。勳乎,汝今知其故矣。

老僕丁榮哀辭

老僕丁榮,其父常熟人,名升,以烹飪事蔣文恪公。乾隆己未,先君子改官福建,文恪使從行。娶婦生二子:曰運,曰榮。後,先君子官廣西,升與運皆受瘴死,獨榮及其母侍先君子歸。先君子捐館舍,既終喪,伯兄起復桐廬令,仲兄登封令,太孺人日益貧困,不能蓄婢僕,因悉召使前,令曰:「欲往浙者列左,往豫者右。」諸僕欣然,或趨左,或趨右。榮獨伏地涕泣,堅請留守家門。太孺人亦為之淚下,遂不忍遣。自是以至榮死,凡侍余三十有三年。年五十七。榮口吃而嗜酒,醉後事多誤。責問之,期期不能置對。太孺人怒叱使出,即怡然去。旦日叩頭階下,矢不飲。三四日又復然。然性耿介,尺布斗粟非太孺人賜,未嘗有所乾沒。余弱冠後,出為諸侯賓客,遇有高會,聲伎滿前,榮必竟夕侍立。慰遣之,移刻即至。臨川樂蓮裳嘗謂余曰:「每酒酣,見君屢目榮。榮在旁,能使君不敢縱飲。於以見太夫人家法之嚴,而榮樸直之性見於顏色,亦異人也。」余應學使試、鄉試各四,應禮部試六,榮皆從試。期近,即不飲酒,為余浣筆滌硯,市食物,置一筐中,未嘗有缺。余善病,榮泡製藥物,未嘗有誤。余好臧否人物,輕於詆訶,榮輒諫阻。余或怒之,則亦怫然曰:「老奴言何足道。顧太孺人平日所以教公子者何若?」余急起,立謝之,乃已。嘉慶甲戌,余攜榮入都。余將歸,而榮病,勢已不起。同里瞿荔江過余曰:「君勿憂,以榮之耿介樸直,無客死法。行將愈矣。」余為留京三月,果愈。攜以歸。歸一年,病復發。臨死呼其子曰:「慎毋他往。」其子泣而應之,目乃瞑。嗚呼!當丙寅、丁卯間,余以太孺人多疾,不能出遊,困甚。榮夏不葛,冬不

裘，恒數日不得一醉，余憐之。會友人完顏曙墀為溫州守，使榮往事之，不可，強而行。抵溫曙，墀素重榮，蓄之不與凡奴等。榮住十餘日，涕泣求歸，曙墀不能留也。嗚呼！榮豈於余復有所奢望，以酬其前此之飢寒勞苦邪？而戀戀不忍去，以至於死也。是余之有媿於榮也，而榮於余無媿焉。於其葬也，為文以哀之。辭曰：伊余生之屯蹇，多負疚於倫常。至先人之遺僕，亦積瘁而莫償。苟余文之可傳，庶身歿而名彰。嗚呼！余之所以報汝者，乃在於此，而曷禁淚下之沾裳。

仲兄側室王孺人哀辭

王孺人，同縣人，侍仲兄。十七年，仲兄歿，寡居復二十七年，以嘉慶二十三年五月二十二日卒，年六十。子一：耀遜。孫二：復應、徵應。嗚呼！孺人之來歸也，既逮事先府君。既寡，尤敬事先太孺人。於所為，未嘗不慕傚而為之；所不為，未嘗一為也。嗚呼！可謂知所法守矣。於其斂也，辭以哀之。辭曰：翳斯人之少賤，何動止之有常。彼王謝之高門，乃聯袂乎春陽。悲慈型之日遠，豈訓言之未詳。冀自今兮申儆，毋永愧於茲藏。

李洤庭哀辭

嘉慶丁丑，有詔大挑天下舉人，余與焉。余友洤庭李君造余曰：「今或置子以二等，願之乎？」余曰：「甚願。」君領之。已而，果列二等。旋下第，將南歸，君送余南柳巷寓舍。時京朝官滿座，皆以後會相要約，君獨默無一語。客既散，乃握余手，問余果復來乎？否耶？余目視君，未有以應。君慨然曰：「一第之得失，不足為子輕重，審矣。而子顧僕僕焉衝寒而來，觸暑而去，徒以敝其著書為善之神，何為者哉？」余曰：「善。」遂別去。既別，時時味君之言，而歎君之愛我篤也。余識君在戊辰之春，君方自西安來京師。既數相過從，間語余曰：「願見久矣。今幸不見擯。雖然，何以益我？」余謝不敏。君曰：「吾天姿薄，子導我厚，斯益我矣。」嗟乎！世之肯為此言者，幾人哉？然余十年來，微窺君處心行事，亦未見其薄也。君少以制舉文名里中，論者以儕劉醇甫、張宛鄰，余顧未之見。嘗見君為所親官御史者草封事，其文無所規仿，而條達盡意。他日為考官督學，宜可稱職。而竟不及待也。歔唏！哀哉！君初補武進縣學生，名青震，故字洤庭。後舉京兆，名錦。既登第，又更名秉灝，而洤庭之字已行。以己卯四月五日卒於京師，年甫五十。官內閣中書舍人、協辦侍讀。余既未與恩科會試，無由哭君寢門。乃述君平生之言，以志餘慟。

辭曰：嗚呼洊庭，命止此耶？果造物者勞我以生，而逸我以死邪？則何以寧其八十之老親，而育其呱呱失母之子耶？誠知夫哀傷之無益，而豈余心之所能已邪？

候補覺羅官學教習錢君行狀

曾祖人龍，康熙己丑進士，山西長治縣知縣，累贈資政大夫、兵部侍郎兼都察院右副都御史、廣西巡撫。曾祖母蔣，累封太夫人。祖璟，乾隆癸未進士，贈文林郎，河南舞陽縣知縣。祖母徐，贈孺人。父夢雲，歲貢生候，選訓導。母唐，繼母蔣，生母張。君姓錢，蔣生名，初字申甫，陽湖人。吳越武肅王三十世孫也。群從兄弟凡九人，皆早慧，而君最長。日率諸弟讀書，或百行，或數十行，曉起背誦。有誤一字者，以為大慚。當乾隆三十餘年，君從祖中丞公官本省江安糧儲道，文敏公官刑部侍郎，君諸父行以鄉試至金陵、會試至都門者，皆少年高才，輕裘駿馬，俶儻負奇氣。訓導君尤好結客，揮金錢如涕唾，以故家中落。君幼時，雖甚慧，亦頗好弄。君之姑嫁蔣氏者語君曰：「門祚衰矣，非刻苦為學，吾懼其不復振也。」君大悟，盡捐諸兒戲具，學作制舉文，滔滔清辨。久之，應郡試，冠其曹。有怨太守者，為匿名揭帖，投學使者署，云：第一名以賄得。學使莫侍郎晉橚校官，召君面試之。君援筆立就，學使大稱賞，遂補縣學生員。君喜為詩，偶從書簏中得王次回《疑雨集》，則大賞之。且夕吟諷，多擬為閨房贈答、懷人詠物纏棉綺旎之作。嘗以示余。余力規之，君遂盡焚其稿，而放筆為歌行，橫空盤硬，抑塞磊落。同里莊徵君宇逵奇君才，許以女妻君。而訓導君方貧甚，未能娶也。君嘗傭書江淮間，又依其從外祖蔣方伯，於中州登臨懷古，篇帙日繁富。數年歸，應鄉試，中式嘉慶十五年舉人。報捷者至，君方奠雁莊氏，里中以為美談。君既從莊徵君遊，矜尚氣節，又好養生家言，嘗獨寢。訓導君豪於飲，得末疾，君遂斷酒。雖有讌會，終日不舉梧，以故精氣充溢，長身玉立，發聲清越，目光爛爛，如巖下電。余多病，最羨君，而不虞君之不永年也。君以應禮部試，與余同入都。余未終試而病發，君朝夕調護之。余病甫退，猶未能下牀行，而君亦病，病與余同，而竟不起，時十九年四月十八日也。嗚呼！哀哉！君生於乾隆四十八年七月初一日，年三十有二。遺駢體文一卷、詩二卷、詞二卷。妻趙氏，莊徵君養女。生女子子一人。余為君從父女兄之壻，於諸舅中最與君善。痛君之勇於從善，勤於媚學，方將繼中丞文敏而起，而竟止於此也。輒力疾粗序其生平，為狀如右，以俟立言之君子擇焉。謹狀。

祭吳穀人先生文

為位昭祭故國子祭酒吳公之霛。嗚呼！柔兆之歲，秋花載黃。公自邗上，言歸錢唐。道出毘陵，過我草堂。我翦園蔬，勸公一觴。公言衰頹，豪興非昔。因素曩遊，歡悰歷歷。我初識公，明湖畫舫。南屏晚晴，霜月初上。波光屬雲，各抱遐想。公飄疏髭，乘風欲往。阮公還朝，公亦北去。荻雨蘆煙，蕭寥離緒。泊公乞養，我客滬城。備兵好事，鶯花縱橫。乍聞公來，一笑絕纓。郊島籍湜，紛然前迎。館公南園，水木明瑟。蓄酒千斛，攜書萬帙。金烏待升，涼蟾既沒。匪夕伊晨，於公之室。我吟一詩，公曰陶杜。我著一文，公曰徐庾。公之愛我，大雲施雨。我之向公，嬰提就乳。備兵溘逝，良會不常。聞攖末疾，憂心傍徨。旋獲手簡，弔我母喪。煌煌神誥，隱德以彰。嗚呼哀哉！往歲春官，郎君及第。謂足娛公，暮霞轉麗。何圖仙蹤，倏爾遺世。凡識一丁，罔不揮涕。公之出處，鳳翥鴻騫。公之文章，虎變龍馴。惟矜細行，乃底大醇。屈指當代，庶幾完人。嗚呼哀哉！

告先嫂文

告五嫂莊孺人，江蘇撫部以嫂守節如例題請旌表，已奉俞旨。謹於嘉慶二十一年十二月十一日送主入節孝祠。是日，莊氏自嫂兄弟行以下五世，陸氏自繼輅至承裕亦五世咸集，皆歡有泣者。嗚呼！嫂之苦志，寧有所覬而甘之耶？然嫂今茲六十有五耳，使其尚在，當親拜恩命以為榮，而顧不及待也。今日之事，嫂知之耶？否耶？吾父吾母吾兄皆安在耶？嗚呼！

告從孫堲應文

嗚呼！堲應，孰使汝年二十有七而猶未授室以歿耶？汝父既以貧，故頻有所之，謂非余之不事事而更誰尤耶？今葬汝於汝母之昭，為汝立主。俟汝弟之取婦有子而以後汝也。嗚呼！其可必焉否邪？將信之以汝之孝悌謹信，而天果可馮邪？汝尚得請於曾大父母大父母，而差以塞余悲之無窮邪？

丙子祭詩文並序

乾隆丁未，余年十有六，始自錄其詩存之。及今三十年，棄其祝壽賀昏之作，猶四千餘首。丙子秋冬間，養疴杜門，無所事，時時繙閱之。初去其多用僻字以為奧衍、一往奔放以為豪邁者，十不得七八焉。復去其閒情之無所寄託、詠古之無所比傅者，十不得五六焉。益去其撫仿太似、持論太偏、敘別過悲、

感遇過激者，而十不得三四焉。畢，計之不及千首，離為十二卷，曰《寒檠集》，曰《定香集》，曰《滬瀆集》，曰《邗上題襟集》，曰《歸帆集》，曰《採蘭集》，曰《宣南集》，曰《熊耳集》，曰《伊闕訪碑集》，曰《蕭寺養疴集》，曰《餐術集》，而《伊闕訪碑集》分上下二卷。嗚呼！以三十年之力為之，而合者乃止此耶？且吾所自以為合者，其果合焉？否邪？小除日，聊具酒脯祭之，申以祝辭。其辭曰：伊詩人之遭際，恒少達而多窮。曷余生之屯蹇，乃既困而未工。記訓詞於先德，惟風雅兮澤躬。逮慈闈之督課，始志學兮孤童。甫群經之卒業，若有物兮橫胸。泉將流而阻石，雲欲展而未風。見窺林之春月，聽綠響於秋蛬。忽悵然而成詠，恍久鬱而乍通。恣長吟以自樂，值朝飢而罔恫。時門內之唱酬，有阮咸之秀特。燿通。及道韞之來歸，亦耽情於翰墨。解少君之華裾，啟中郎之遺籍。人事簡而晝長，花氣濃而徑窄。綜八代以論才，參三唐而辨格。稍變本於昌黎，漸離宗於修、軾。誠飲水兮思源，基定志而調息。假競爽以承歡，輒欣然而永夕。數愉快於平生，渺難再兮疇。昔賈生秀才之日，臣朔上書之年。羌辭親而負米，初放眼於湖山。既投贈之日廣，亦眺覽而忘還。每殘年之風雪，觸羈思於歸翰。怨江流之三折，礙石磴兮千盤。望庭柯兮如蓋，翦園蔬兮勸餐。出新篇而共賞，集悲喜於毫端。望廣術兮多歧，倦擇鄰兮屢徙。矧繁音之競奏，疇枕流而洗耳。奮張郎之長鬚，宛鄰。寶陳留之焦尾。浣霞。壯氣類之不孤，益譽憂而毀喜。裘已敝而忘寒，酒因賖而彌旨。車屢駕而不轉，舟將發而仍艤。愴碧雲之易合，誦瑤華而未已。凡哀樂之難遣，悉有託於篇章。痛鮮民之廢業，撫祥琴而徬徨。訝精華之外竭，識蕡葹之內傷。果文采之凋敝，復何戀乎餘生。耿懷憂於腐草，惜頹陽之末光。茲編校之臝竟，有祀竈之黃羊。援浪仙之故事，設桂醑兮椒漿。諒窮達之有命，匪由汝兮遺殃。願放懷而共醉，祝長齡之未央。吾與汝兮交勉，冀相得而益彰。

崇百藥齋文集第二十

年譜

先太孺人年譜

先太孺人姓林氏，諱桂，閩縣人。先考恭城府君側室也。生於雍正十三年乙卯正月二十二日酉時。大父母及父母皆早世，無兄弟。太孺人依族姑之寡者徙居，稍長，求祖父諱，姑老耄，不復省記，遂終身不能知。屢為不孝言之，輒悲恨。惟父嘗補學生員，太孺人幼時見所得院試花紅，以是知之。

乾隆元年丙辰，二歲。

二年丁巳，三歲。

三年戊午，四歲。是年府君中式順天舉人。

四年己未，五歲。是年府君成進士，改庶吉士，旋改知縣。

五年庚申，六歲。是年府君選福建連城縣知縣。

六年辛酉，七歲。是年府君充同考試官。

七年壬戌，八歲。是年府君調任寧化。

八年癸亥，九歲。

九年甲子，十歲。

十年乙丑，十一歲。

十一年丙寅，十二歲。是年先繼妣莊夫人卒。府君調任彰化。故事：調臺人員不得挈眷行。於是先大母鄒太夫人帥兄嫂及諸姊歸常州里第。

十二年丁卯，十三歲。

十三年戊辰，十四歲。

十四年己巳，十五歲。初，太孺人嘗從鄰婦學繡婦，繡甚工，購者踵，至不暇給。輒倩太孺人代為之。趙編修者，林所自出。其太夫人市鄰婦繡而工之，婦以太孺人對。趙太夫人以同姓故，迎至其家。至是，府君海疆俸滿，自臺旋，省主趙編修。趙太夫人極道太孺人之賢，遂於六月二十七日以太孺人歸府君。是年，府君補順昌，鄒太夫人留居里第，閫內事悉太孺人主之。

十五年庚午，十六歲。隨任順昌。是年，府君充同考試官。

十六年辛未，十七歲。隨任順昌。有術者來謁府君，命相太孺人。術者謂法當貴，恨不永年。太孺人笑曰：「壽豈有定哉？視人之自致耳。」

十七年壬申，十八歲。隨任順昌。是年，府君充同考試官。

十八年癸酉，十九歲。隨任順昌。是年，桂林陳文恭公宏謀巡撫福建，奏保府君堪勝知府，引見記名，以知府用。

十九年甲戌，二十歲。隨任順昌。是年，府君題陞臺灣府鹿耳門同知。十月，四兄繼裴生。

二十年乙亥，二十一歲。正月，府君將赴新任。適以順昌任內命案遲延被劾，奉旨引見。以三月入都，太孺人亦以是月歸常州。府君旋奉旨，仍以知縣用，在部乞假歸。是時，世父南陵君大可亦引疾家居，居縣學旁。府君所居曰東第，叔父平彝君廣森居白雲溪上。鄒太夫人往來其間，每至一家，留十許日。兩家者饋問相望於路。太孺人先意承志，尤得鄒太夫人歡。十月四，姊兆麟生。甫彌月，府君為先曾大父容安府君、曾大母張夫人、先大父學坡府君營葬。世父暨府君以祿之不逮養也，日夜守苦次，哭如新喪。世母王夫人已先卒，叔父又方病，叔母侍鄒太夫人。凡會計出納為位及授事，皆太孺人主之。禮成未，嘗有悔。先母高夫人、莊夫人亦以是年葬。

二十一年丙子，二十二歲。侍鄒太夫人及府君家居。平彝君娶於吳，無所出，府君以四兄嗣焉。吳夫人尤愛四姊，遂並攜之去。先母高夫人生三子，莊夫人生三女，故太孺人所生子女皆次四。十月，五姊啟蓮生。府君為大兄繼夔繼娶蕪湖陳氏。陳累世顯宦，責禮甚備，府君悉以委太孺人，且戒勿白。太孺人早失怙恃，又吳閩異俗，而凶嘉兩大禮皆一身任之。嫂歸逾月，始以手所記籍呈府君，事事中府君志，而太孺人再以產後積勞，始有肝疾。

二十二年丁丑，二十三歲。侍鄒太夫人及府君家居。府君奉部諮，追彰化任內

分賠運穀腳費銀一千九百八十七兩，時已無力完繳。鄒太夫人命府君謁選，例得帶於新任，遂以明年正月北行。

二十三年戊寅，二十四歲。侍鄒太夫人家居。府君在都下。

二十四年己卯，二十五歲。侍鄒太夫人家居。府君挑發廣西，署藤縣事。

二十五年庚辰，二十六歲。是年府君署慶遠府德勝同知。鄒太夫人卒於里第，府君聞訃，奔喪歸。

二十六年辛巳，二十七歲。是年葬鄒太夫人。

二十七年壬午，二十八歲。府君既免喪，女兒三人以次出嫁。太孺人分貽簪珥裘服，篋笥為之一空。後數年，三姊家毀於火，復為置奩俱如初。嫁時以故，尤感太孺人。太孺人之卒也，姊婿錢塘知縣蔣重耀病濕方劇，姊猶馳歸，視含斂。

二十八年癸未，二十九歲。隨侍府君，赴廣西候補府君，署思恩府百色同知。三兄繼皋來省，卒於官舍。

二十九年甲申，三十歲。是年府君補恭城縣知縣。未赴，以署同知任內代追隔省債項被劾，有旨命總督即赴廣西訊明具奏。府君赴省置對，太孺人留百色，距省遠，訛言駭聞，太孺人日夜焚香禱天，願身死紓府君禍，額頰盡腫。已而，命下，止革職。太孺人奉府君手書，攜三兄樞至省，為同歸計。土田州餽賂甚盛，卻不受。未抵省，所乘舟為石所觸，水大至。太孺人急命家人支帳房岸側，諭先移樞，次行李。家人相顧有難色，然見太孺人危坐舟中，水沒及卻。不得已，相帥力前，如太孺人命。三兄樞獲全，行李亦無所失。比太孺人登陸，舟始沈。

三十年乙酉，三十一歲。侍府君家居。府君好獎勵後進，里中如楊煒星園、楊倫西禾、趙懷玉味辛、孫星衍淵如、莊祁竹坪、段達和竹晦、洪亮吉稚存，皆以所業來質，或乘月敲門，府君輒留痛飲。太孺人進膿豐潔，嘗如預蓄。

三十一年丙戌，三十二歲。十月，六姊季蘭生。

三十二年丁亥，三十三歲。

三十三年戊子，三十四歲。

三十四年己丑，三十五歲。是年，叔父為四兄娶婦莊。

三十五年庚寅，三十六歲。是年，四姊未嫁卒。

三十六年辛卯，三十七歲。是年，四兄長子耀遹生。

三十七年壬辰，三十八歲。是年，五姊適荊溪儲一崧。十一月，不孝繼輅生。

三十八年癸巳，三十九歲。

三十九年甲午，四十歲。是年，四兄次子耀遠生。

四十年乙未，四十一歲。是年，四兄卒，嫂莊誓以身殉，太孺人防護百端，責以嗣舅姑老病，遺孤幼，新婦不當死。始受命。四兄蚤慧，未弱冠有著書之志。府君哭之慟，閒居忽忽不樂。太孺人多方排遣，忍痛為歡。怛焉內傷，肝疾屢作。

四十一年丙申，四十二歲。是年，不孝始入家塾，受《孝經》、《論語》。每日暮輒投太孺人懷中，背誦所讀書。太孺人曰：「若知熟此何所用耶？將使若為人亦如書所云也。」因為講解字義，府君嘗臥聽之。

四十二年丁酉，四十三歲。府君亦素有肝疾，至是頻發。發或數日，或數十日。時大兄遠官滇中，二兄繼蕚需次都下，二嫂及三、四兩兄又已溘逝，太孺人殫勉有無，侍奉湯藥，皆力疾為之。肝病增劇，遇節候，脛骨作楚，竟夜不得眠。

四十三年戊戌，四十四歲。

四十四年己亥，四十五歲。

四十五年庚子，四十六歲。是年府君春秋七十有五，以六月二十四日棄不孝等。太孺人暈絕數四。嫂莊進曰：「姑所以教新婦者謂何？願姑以舅大事為重。」於是太孺人強起啜粥。凡附於身者，一一手自撿視。群從以府君蒙恩記名知府，欲以四品服斂，或又以大兄方擢寧州知州，雖未引見，可五品。太孺人以府君前去官，未得旨開復，而例無追敕封之事，宜如敕封用七品服。會儲梅夫先生麟趾至，謂蔣蓉盦先生和寧曰：「此《論語》毋違之義也」，議乃定。越月，二兄先聞訃歸。太孺人請以府君遺田二十畝帥子女自為食，而與兩兄分年值賓祭，二兄許之。

四十六年辛丑，四十七歲。延府君姑子吳延年先生英課不孝讀。梅夫先生，府君同榜進士，又五姊舅也。知太孺人以府君之喪得怔忡疾，命公子為製歸脾丸，服之期年，心以少寧。

四十七年壬寅，四十八歲。仍為不孝延延年先生於家塾。湯蓉溪太守，大賓二姊舅也，貽不孝《太上感應篇註》，雜引諸史及說部。日課畢，太孺人輒命閱十許事。次夕為太孺人陳說一過，然後再閱。或夏夜納涼院中，述府君所治疑獄，命不孝以意斷之。不如法，乃以府君所斷告不孝。既終喪，太孺人為聘婦楊，即西禾先生女也。

四十八年癸卯，四十九歲。去年冬，延年先生以年老辭，梅夫先生薦其族孫吟

雲先生溶。先生多病,每返櫂荊溪,逾月不至。是年,不孝讀《戰國策》、《史記》,大半太孺人所授。誤誦一字,輒應聲正之。不孝性麤率,不解護惜書籍,未終冊,四角皆卷,不可復編。太孺人每夕整理,以鏡壓之。嘗夏日曬書,檢得元人曲數種,私閱之,課不如程,為太孺人所覺,怒與杖,至數十。兩姊爭護之,且言:「弟體弱,孃少寬之。弟每受笞,夜臥必驚呼,又以貽孃憂。」太孺人叱之曰:「汝何知?汝父垂暮得此子,其才也則慶之餘,不才則殃之餘。人言豈有定哉?吾以愛子故,貽汝父惡名,即何以相見地下?」於是太孺人棄杖泣,姊亦泣,不孝長跪,謝誓不敢。良久,太孺人拭淚,命不孝起,戒之曰:「傳奇妄語,不足觀。架上有漢魏六朝唐人詩,兒苟耽之,不汝禁也。」不孝學為詩,自此始。

四十九年甲辰,五十歲。仍為不孝延吟雲先生授經家塾。不孝自庚子正月學為制舉文,歷四年,猶寥寥短篇,至是始放筆為之。然不中繩尺,多闌入後世語。吟雲先生塗乙過半,偶以呈蓉盦先生。先生於不孝為從母之夫,又三姊舅也,即日過太孺人,言少年作文,當恣其所之,塾師律太峻。別薦楊隨安先生嵋谷。而不孝與吟雲先生相得甚知。明年,不復來,日夕涕泣。太孺人不得已,言於兩兄,延課從孫恩、應兄弟,而不孝受業隨安先生。

五十年乙巳,五十一歲。太孺人自府君之終,即為不孝獨延一師。是年,蓉盦先生使其孫方增來共讀,余秀才巖亦負笈至。冬,不孝聘妻殤。西禾先生主講江漢書院,約明年春迎外姑孫夫人至武昌。孫夫人既喪女愛,不孝逾篤且知太孺人延師之難也,將攜不孝去。太孺人不得已,許之。隨安先生歲暮解塾,遺不孝詩六章,其三云:「曾聞截髮為留賓,料理盤餐費苦辛。無計留賓知髮盡,卻教弱息遠依人。」太孺人讀之泣下。會不孝病,不果行。

五十一年丙午,五十二歲。仍為不孝獨延一師。師吳克家先生作賓,為不孝從姊之子。太孺人敬禮如延年先生。是年,六姊適同縣黃氏。五月,而婿楚蘭卒。五姊之夫亦以應試歿於都門。

五十二年丁未,五十三歲。仍延克家先生於家塾。不孝大病,服延年先生藥至百裹。太孺人憂之甚,又新值兩女之寡,驚悸未定,怔忡復大作,仍服歸脾丸,加硃砂為衣。年餘,始向瘉。

五十三年戊申,五十四歲。仍延克家先生於家塾。時兩兄久以原官起復。至是,遺書不孝為府君營葬,而皆以贄屬太孺人。不孝年已十七,僅守喪次。一切太孺人主之,如葬曾大父母、大父母時。

五十四年己酉，五十五歲。時生計日益困乏，不復能延師家塾。適從舅氏莊樂閒先生繩祖延其族達甫先生宇逵課子榮詁及從孫軫，太孺人輸錢四萬，命不孝就讀舅家。同學者為洪飴孫孟慈、董恒善貽令、敏善裕來、謝迴庭蘭。是年，不孝始及兄子耀遹與惲秉怡潔士、孫讓於丕、張惠言皋文與權宛鄰、祝百十子、常百五炳季、吳廷嶽仲甫、德旋仲倫、莊曾儀傳永、丁履恒若士、李兆洛申耆、周儀暐伯恬定交，登堂拜太孺人。太孺人尤愛若士，而若士與不孝性皆好辨，每持論往復，語刺刺不已。太孺人聞之，親出慰解，責不孝不虛心聽受，間亦為不孝理前說，婉言丁君非是，若士亦悅服。於是太孺人起入內，命蒼頭置酒，數人者歡飲至暮，始別去，或留同榻齋中以為常。

五十五年庚戌，五十六歲。是年，不孝仍受業達甫先生。秋盡，未有棉衣，不能出戶。達甫先生怪不孝久不至塾，親來問故，不孝以實對。先生即還不孝所餽重陽修金。不孝白太孺人，太孺人慙感交集，時時為戚鄢言之。四嫂為耀遹娶婦李。

五十六年辛亥，五十七歲。是年，為不孝娶婦錢。婦荏弱，太孺人憐之，主家事如故。耀遹長子循應生。

五十七年壬子，五十八歲。聞傳永讀書僧舍，命不孝邀之至家塾。傳永於不孝為從舅孫，然以弟畜不孝。不孝有過，面責不少假，以故太孺人尤禮重焉。不孝長女良勝生。

五十八年癸丑，五十九歲。是年，不孝補陽湖縣學生員。同案莊綬甲卿紬、劉逢祿申甫尤嗜學，來謁太孺人，太孺人一見，許為益友，命不孝勤相過從。七月，太孺人病餐泄，醫者以為不治。時延年先生年近九十，聞之，扶杖來視，謂病在兩關，當以和肝脾為主。服甘草芍藥湯，數日而瘳。嗚呼！太孺人雖復享壽十有六年，而不孝不能養志，無一事足為太孺人歡。縱十死何以自贖耶？

五十九年甲寅，六十歲。壽日，戚友爭以詩文來祝。不孝輯錄成帙，署曰《貞壽集》。耀遹補常州府學生員。耀遹次子輯應生。

六十年乙卯，六十一歲。是年，不孝次女綵勝生。

嘉慶元年丙辰，六十二歲。二月中，患溫疾，醫者投太陽經表劑，數日不汗。年來，太孺人以不孝多病，留意方藥，詰醫者：「邪在少陽，何以服羌活，不服柴胡？」醫大悟，易方投之，即夕壯熱盡退。

二年丁巳，六十三歲。太孺人以不孝立志未定，雖困甚，不使為客。至是，稚存先生遺書浙江學使阮雲臺先生元，盛稱不孝。學使來招不孝助校試文。太孺

人慰，遣之。已而，寄不孝書，有云：「寡婦之子，非有見焉，勿與交。何者？過庭之訓無聞，而姑息之愛多誤也。汝讀此，寧不瞿然自念耶？吾所以決計使汝行者，亦以汝名譽未立，冀益親師取友，以成其學，非僅為負米計也。汝宜勉之。吾生平立心感恩而忘怨，汝持此入世，庶其免乎！」學使偶從不孝案頭見之，持示幕府諸君，交口稱賢母。因憶太孺人生平格言甚多，如訓不孝婦錢：「奉佛亦當獲福，何如順親之近，讀書固可明理，未若從夫之易。」又云：「求子莫如孝親，求富莫如濟貧。」又云：「施與當令人可受，勸誡當令人可從。」

三年戊午，六十四歲。是年，耀遠子貞應生。越一日，不孝生子耀連。太孺人連得孫、曾，意頗慰。

四年己未，六十五歲。是年，雲臺先生巡撫浙江，不孝仍依幕府間，為張穆菴都轉應璣校閱商籍試卷。都轉以其子鴻與不孝交善，贈貽過厚，太孺人怪之。已而，檢閱不孝詩，有絕句云：「紅勒欲下不下，銀燭將殘未殘。忽憶眉痕深淺，自家猶待人看。」笑曰：「若知吾疑若，否邪？見若此作，乃釋然矣。」

五年庚申，六十六歲。是年不孝中式本省舉人。報捷者至，不孝方客兩淮運使曾賓谷先生燠署，太孺人屬窘甚。急覓數錢市一燭，不可得。不得已，敏稚存先生門告之。先生喜甚，立使公子飴孫輸錢五萬。凡祀先讌客，皆取給焉。耀連殤。

六年辛酉，六十七歲。正月，不孝赴禮部試。婦錢贈詩云：「輕試最非慈母意，高譚宜謹故人樽。」太孺人覽之，笑曰：「吾無言矣。」不孝下第歸，仍客賓谷先生題襟館，日與主人及劉嗣綰芙初、吳嵩梁蘭雪、樂鈞蓮裳、彭兆蓀甘亭、郭麟迦、金學蓮手山、郭琦龍輔讀書屬文，所業頗進。太孺人喜不孝得所託，懸念差慰。不孝三女兌貞生。耀遠卒。

七年壬戌，六十八歲。是年不孝再應禮部試，下第歸。以友人萬君承紀薦，客松太道李寧圃先生廷敬署。四嫂卒。不孝殤女季貞生。

八年癸亥，六十九歲。仍命不孝客松太道署。

九年甲子，七十歲。去年，不孝預譔太孺人七十述，乞言於海內賢士大夫。至是，以詩古文辭來壽者踵相接。不孝輯《貞壽乙集》，使婦錢、耀遜婦李分日為太孺人誦之。有用三遷事者，太孺人驚起離坐，呼不孝曰：「我何人，而妄以孟母比？詩之失誣乃至此邪！他日我死，汝輩作狀，慎毋緣飾，遺地下羞。」惟於常熟歸懋儀詩「列鼎而養，不如一饘。非母矯情，懼有盜泉」吟諷數四，曰：「歸夫人知我。」入夏，不孝仍客松太道署。

十年乙丑，七十一歲。是年，不孝三應禮部試，下第歸，侍太孺人，不復為客。長夏，命循應讀《通鑑》，太孺人臥聽之，間亦與不孝等作葉子戲。太孺人負，輒出錢為餅餌啗不孝等。不孝負，無所得錢，太孺人笑之。太孺人內慈而外嚴，偶有喜色，孫、曾輩走相告曰：「今日歡甚。」不孝殤女閏貞生。

十一年丙寅，七十二歲。太孺人喜蒔蘭，手自灌溉。花時，輒帥不孝跌坐，調息久之，謂不孝曰：「足銷汝躁心否？」是年，蘭開尤盛，有素心、蓮瓣、并蒂諸種，命不孝夫婦及耀遹循應分韻詠之。

十二年丁卯，七十三歲。太孺人遇家忌，設薦必潔必虔，肅立不倦，時感念流涕。至是，不孝等以為言，太孺人曰：「汝以為勞邪？凡佚吾身與安吾心，二者孰適？細人之愛，非所樂聞也。」不孝殤女同喜生。

十三年戊辰，七十四歲。是年，禮部試，不孝以頻年家食，無力遠行，友人湯貽相雲村、崔景儼禮卿、徐準宜仲平相與釀貲，為行李費，而吳塏次升、莊逵吉伯鴻、完顏廷鏐曙墀、魏襄曾容、趙學彭子述復以時餽，問不絕時。耀遹客西安，循應善承太孺人意，以故不孝下第後安心留京。太孺人仍請達甫先生遺書不孝，命與孟慈及黃載、華璞山同居，專意制舉文，不以家事為念。

十四年己巳，七十五歲。於是不孝五應禮部試，榜發，即日就道。抵家之明日，太孺人謂不孝等曰：「術者謂吾年不越三十，吾時不之信，然亦不自意，至今日也。汝父之終春秋七十有五，吾寧敢過耶？吾夜夢汝父遣亡僕三人者來，云肩輿且至。吾來汝家六十年，於茲雖無功，亦無大過。今得復侍汝父地下，吾心無所留戀。吾去時，當令室中寂靜，毋得號呼，以亂吾意。汝曹志之，汝父廉惠寬平，子孫必有食其報者。吾聞為善非以求福，然為善求福不猶愈於為惡邪？施予不當望報，然施予望報不猶愈於吝嗇邪？吾早失怙恃，未嘗讀書，以汝父教，始識字，稍稍通曉文義，無深識高論，以遺子孫。然汝曹守此數言，亦庶乎不為浮薄之行矣。」耀遹歸，亦以告之語次。不孝竊視太孺人容色清腴，且念太孺人雖多病，耳目聰明，髮無一莖白者，壽正未有艾。偶為此言，未遽以為憂也。六月十四日，定更後，小患霍亂。湯秀才壽名，二姊從孫也，能醫，太孺人有疾，服其藥輒效。是夕，投藿香正氣散，吐立止。十七日，煎戊己湯，下香連丸少許，腹瀉亦愈。自此神氣清腴，無纖芥之疾。李君述來，至猶與劇譚，惟不欲穀食，日啜玫瑰露十數璱。二十二日戌初，倚枕小坐。不孝夫婦以及諸甥等凡十七人環立，太孺人一一視之，曰：「惟少耀遹耳。此亦數也。循應事我孝，足代之矣。」因呼良勝櫛髮，又命以新汲水，徧拭肢體，盡易衣履，

正臥，瞑目調息。息漸微，曾無痰湧汗發之狀，竟以亥正長逝。遺命勿殯正室。三日斂，面如生。蠅飛滿室，無一集靈牀者。嗚呼！痛哉！太孺人樂善好施，勇於為義，戚族有急，雖不以告，聞之必為盡力。力不逮，則數日悒悒，至為減餐。以裘葛與人，事過即忘。而自奉儉約，御一藍色布衣，經年不見浣濯，整潔如新。性不喜人諛，尤惡譚人過失。不孝偶有指斥，輒咈然曰：「汝所親覩邪？何言之詳也。」其於一言一行之善，則津津樂道不置。故歿之日，來視斂者皆哭失聲。鄰嫗犇走相告語，至恨不以身代。嗚呼！以不孝之貧且賤，不能稱太孺人推解之意，而太孺人之盛德感人至此，不孝侍奉無狀，追悔萬端，更恐一旦填溝壑，並廢太孺人言行不著，謹就苫次，述《年譜》一卷，不敢少有文飾，以違太孺人平生之戒。惟蓄道能文之君子哀而擇之，賜之狀志，不孝死且不朽。

崇百藥齋續集

崇百藥齋續集目錄

　　前劉穎州為僕刻詩文二十卷，值多遽忽忽，未暇審定。觸處追悔，久以破甌置之。道光辛巳、壬午、癸未三年，又得四萬言。及門徐漢蒼、蔡邦紱、盛朝傑、束大鏞、李汝琦、李汶璵、趙對澂、趙彥倫、虞毓芳、王應銘、黃承谷、李鴻圖復請釀刊版，而穎州已先朝露，並不及欣賞矣。歲月易得，業不加進，媿負亡友，長此恨恨，如何如何！梓成，諸生來索序，漫書數字付之焉。逢涒灘之歲穀雨前五日，修平居士識。

崇百藥齋續集弟一

箏柱集辛巳壬午

祝二百五將自無為來郡詩以遲之

浮生知幾何，一別已七載。黃塵浩茫茫，朱顏得毋改。外慕固云盡，內省恐俱怠。回憶相逢初，銳意副期待。如何志士懷，徒滋盛年悔。離索古所悲，時命豈足委。庶幾同巢禽，頹羽振文采。

送春次劉大令韻

啼鶯四五是離聲，祖帳年年畫不成。照影全沈天上月，分香幾許病中情。何曾燕子能銜去，漫與楊花約再生。一角闌干閒憑處，朝來已自少人行。

如此華年委逝波，人閒合唱武夷歌。已擾好夢連宵斷，剩有閒愁似草多。拾翠長堤弓屐淺，墮釵雙枕鬢雲磨。也知無計堪消夏，聊與商量製芰荷。

禪榻歡筵總莫論，心情那更似前番。陰陰濃綠偏催暝，黯黯餘魂在合昏。望去空江天有路，照殘青鬢鏡無痕。元池自是雙棲慣，也覺尊前語不溫。

黃梅玉茗記年時，誤報歸期是柳絲。小劫難消仙壽短，餘恩猶在草心知。十重簾押人千里，一道裙腰路兩岐。我本關山遊倦客，不堪重續斷腸詞。

病中遣悶再和送春

閒宵聽雨似秋聲，纔識春來恨已成。別我更無言可贈，戀人翻覺病多情。為誰

盡力催雙鬢，幾度傷心了一生。只有森然道旁柳，年年同到不同行。

簾櫳竟日委湘波，誰與歡聞續豔歌。才子正宜埋玉早，美人自古捧心多。草連天遠家何在，月到花殘鏡不磨。見說買伊元有價，橫塘空自長新荷。

人閒何處覓殘魂，綠暗紅稀又一番。尚覺清和憐首夏，能容沉醉是黃昏。花憑畫錦翻新樣，淚與秋衫染舊痕。卻憶老梅寒徹骨，不從飛絮泣奇溫。

瑤池清淺記來時，照見飛瓊鬢有絲。歲紀八千終大去，月當三五可前知。不成仙實花雙蒂，差慰秋心麥兩岐。炙硯薰爐聊護取，寒宵更賦送窮詞。

附元作　劉珊海樹〔註1〕

破曉流鶯剩一聲，綠陰如夢恨初成。盡催杜宇歸何處，留得青山去有情。小住不嫌三月久，回頭尚戀百花生。上河圖里人多少，寶馬香車似水行。

三五華年送綠波，錢塘陌上有人歌。出門西笑天無路，祖帳東風酒不多。夜雨樓臺空悵惘，夕陽闌角忍消磨。合歡最好鴛鴦睡，悔未留看貼水荷。

天涯何處不消魂，花信從過廿四番。繾綣餘恩惟穀雨，別離終古此黃昏。櫻桃時節成歸計，柳絮河橋寫夢痕。我是司香舊仙尉，東君臨去語猶溫。

江南江北熟梅時，別有愁心上鬢絲。逆旅光陰千樹合，去來蹤蹟萬花知。不因風雨羈行李，肯為淒涼怨路岐。一片茫茫芳草斷，樽前誰唱鷓鴣詞。

又附和作　楊方訓子濤

金鈴十萬總無聲，預擬歡驚半未成。惜別祇應花有淚，傷心翻覺草多情。莫言去住渾無主，豈為飄零怨此生。已是頹陽留不得，杜鵑何苦又催行。

客裏光陰感逝波，無端又此聽驪歌。翻嫌社鼓催花早，剩有楊枝惹恨多。紅雨尚餘窗外影，朱顏慵對鏡新磨。何心更訂尋芳約，空向橫塘課蒔荷。

處處樓臺舀斷魂，依稀蹤蹟似前番。不知風雨歸何許，偏是清和日易昏。榆莢辦裝知有幾，畫船載夢去無痕。可容南浦分襟地，重博臨岐一笑溫。

棼尾相看已後時，春人鬢影易成絲。重來尚有梅花約，此恨惟應燕子知。濃綠

〔註1〕（清）丁宿章《湖北詩徵傳略》卷十（清光緒七年孝感丁氏涇北草堂刻本）：
「劉珊，字海樹，號介純。嘉慶進士，官至安徽知府。有《亦政堂詩集》、《委蛇襍俎》。」
《清代詩文集彙編527亦政堂詩集 亦政堂續集 委蛇雜俎》

成陰悲杜牧，愁紅如雨悵溫岐。一年一度銷魂別，幾許人閒黃絹詞。

題趙秀才對澂冀北送春圖

朝來正賦送春篇，適和海樹送春詩。何處春歸不可憐。我在江南君冀北，不知春去定誰邊。

病榻懷人之作

梘觸平生夢，三條蠟淚殘。清餘前度酒，香惜過時蘭。桃李成陰易，葭苓入籠難。一麾仍小試，冰鑑若為看。畫水司馬再權廬州，皆值試士。

憶昔論交日，江鄉正此時。虛名齊沈宋，豔福謝郊祁。溫飽誠非願，頭顱各自知。一般量玉尺，目送使星移。繡峯方助廬州校閱試卷。

不以投荒遠，那知遺愛深。戎衣慈母線，行李故人金。謂海樹。陽羨田何有，《離騷》韻久沈。至尊憐反哺，萬目望歸禽。陳白雲司馬有軍臺之役，部民方代謀贖罪。

自抱幽憂疾，頻勞長者車。畫水、叔翹、亦山、繡峯、海樹、梅塢、子香諸君俱至榻前問疾。夢中仍子舍，連夕夢侍太孺人，言笑如平生。畫裏見吾廬。李寶之見貽畫卷。新月重窺戶，兼旬已廢書。劉郎最堪羨，春酒隔年儲。時孟塗以母夫人壽辰暫歸省覲。

縐雲無恙在，點石少還丹。梅史以宣城歜頑留會城三年矣。縐雲，查氏園中石。學道才人老，毀家循吏難。潮聲寒到枕，竹影暮憑欄。鎮有閒居樂，先從畫裏看。謂君所作《簣谷圖》。

書來盈百幅，人去已三秋。郤上見文度，胸中有大裘。頻煩詢健在，遙與共離憂。安得君為弟，平生一子由。陳伯游。

我到平梁晚，逢人問使君。為言前令尹，無愧故將軍。前合肥令白敬庵秋齋協鎮丈仲子。協鎮今祀江南名宦祠。籬畔書聲近，庭前樹色分。先君子與協鎮先後受知桂林陳文恭公，交相善。官常州時，官廨與余家僅隔一牆。鮮民重話舊，清淚各紛紛。

種松三十萬，此樂本非常。蠻語君何病，浮生事可傷。眼青期阮籍，耳白誤歐陽。我亦憂讒者，頻年戒酒狂。張少伯。

憂旱

戊日逢申又放晴，可憐萬戶望雲情。陽烏漸有偪人意，拙鳥更無逐婦聲。病惜卑官真戀棧，老慚微祿敢忘耕。初元聖澤周天下，未必方隅旱獨成。

喜雨簡劉大令

颯颯芭蕉葉上聲，病夫傾耳聽分明。逢君小艇江幹路，著我輕簑隴畔行。非玉非珠需最急，一花一草態全生。兼旬未啓閒窗看，紅蓼青蒲已滿庭。

雨止

雨聲剛及一詩成，片刻遙山又放晴。習坎尚期原筮吉，橫窗怕見夕陽明。卑官但擬同飢渴，造物真難識性情。萬戶望雲無夢寐，敢辭病眼對孤檠。

薛廬州再過問疾口占報謝

又報高軒過蓽門，連朝再接笑言溫。春波最是閒鷗覺，夏日難忘廝馬恩。學舍苦熱，君為搭棚院中。直以醇醪蘇病骨，親攜明鏡照愁痕。勸君暫抑葷鱸意，旦晚循聲達至尊。時大計上考。

簡劉泗州珊次前韻

芳草閒庭鎮掩門，乍看顏色玉同溫。文因君賞思傳世，病有人知似受恩。酒未臨岐先化淚，時君將赴新任。刀從斷水不留痕。故人五字魂消極，盼殺招涼共一尊。謂孟塗。

得董校理書卻寄

今我不樂思舊游，故人衣袂如浮丘。夢中髮髯見圖畫，曉日正照銅龍樓。樓頭雙成最傷別，一雁翩然下天末。雛鸞幺鳳飛入雲，惜我幽居抱仙骨。秋蟲促織禽催耕，世閒何物堪虛生。玉虯未奉行雨敕，迎風化作雙娉婷。一徵璿宮佐織女，一留寒閨宵顧杼。莫言縑素不相如，萬縷從看兩心苦。雖尾自短銀河長，欲往送之渡無梁。珠簾詄蕩開天閶，雲軿間關低復昂。濼湖之水秋汪洋，倒影飄落湖中央。湖中有鳥名鴛鴦，錦翼雖倦成文章。待君築室笠澤旁，我持作贄登君堂。

附來詩　　董國華琴涵

涪翁早從天上游，玉父奄忽歸山丘。謂仲則、稚存兩先生。劍南才豪出稍晚，奇氣突過元龍樓。耽吟不知飯顆瘦，放筆直使滄溟愁。胸中鬱鬱賈生策，局外默默杞人憂。春官屢上不見收，摧撞自廢歌歸休。宛丘先生真我儔，菖蒲味勝天廚羞。濡須江水碧玉流，菰煙蘆雪招閒鷗。禮堂清雅頌絃暇，抱琴挈榼行且謳。白衣使者致秫酒，青袍弟子供脯脩。昌黎四門當代重，鄭虔三絕高名留。官無

高卑在盡職，一命責亦同公侯。人才教育始校序，房杜當就河汾求。能行我意用我法，豈必肘印兼前驈。昨來相訪不得見，我正負土悲松楸。白雲溪上過君別，君又先放濲湖舟。雲龍蹤跡竟難合，如溝水判東西頭。何時蝦菜訂歸計，舉爾長嘯江天秋。

得盛同年大士書並前題宣南話舊圖詩作此報謝

斑斑清淚漬瑤箋，記得徵詩是別筵。夢裏樓臺全潑墨，畫中草樹半生煙。游仙劫短星沈海，禮佛人歸月上弦。芍藥櫻桃零落盡，未須我輩惜彫年。

贈史山人臺戀

平梁一詩人，寒瘦若古木。蕭齋著此客，覺我亦非俗。
不緣君共坐，那知今日閒。褰簾指殘菊，孤影待君看。

為蔡四昌齡題畫

何人花外叱烏犍，珍重江南二月天。觸我歸心留不住，一犂春雨畫中田。

許二所望說劍圖

紅線侍婢崑崙奴，朱顏婑嫿連蟠鬚。太阿在手腰湛盧，中擁一人清且臞。非仙非佛亦非儒，不仕不隱胡為乎？束髮讀書好《陰符》，弟畜彬美師孫吳。時清政蕭無萑蒲，上方響用賈董徒。君持此器將安沽，蹉跎不覺五十餘。蕭然家無擔石儲，老兵惡少紛前趨。監門賣漿雜狗屠，袒衣列坐歌嗚嗚。痛飲大嚼牛羊豬，前年衛滑虎負嵎。此老實佐撫部胡，果泉中丞。賊來入境如入爐，繩穿索縛連雞鳧。事定忽忽思吾廬，依然識字耕田夫。喚婢織縑奴種蔬，毀劍鑄作犁與鋤。與我相逢在濡須，譚次示我說劍圖。圖縱尺五牛腰麤，薛華畫水。李白申耆。相嗟籲。陳登伯游。陸遜劭文。同周瑜，伯恬。欱唾爭落風前珠。我時展閱寒篆孤，劍光如月射兩矑。勿惜寶物淪泥塗，天實完汝七尺軀。豹皮馬革真大愚，浮閣山高瞰濲湖。攜琴一張酒一壺，我醉與子游華胥。華胥縹緲雲作郛，亦有劍俠兼名姝。但無寵辱無榮枯，盍歸乎來白日徂，五十豈不知頭顱？

選詩行簡趙孝廉席珍夏秀才雲李明經宗白徐徵士漢蒼盧明經先駱並寄李嚴州春黃秀才承谷趙秀才對澂

詩拙轉厭多，詩工不嫌少。苦思冥索通神明，俊語寥寥落雲表。唐人詩最多，

長慶白與元。旗亭一絕句,亦復千秋傳。宋人詩最多,吾家渭南伯。超超百數篇,我愛姜白石。合肥詩人領袖誰?前龔後李肩相隨。尚書盤盤才較大,次韻五言疑可汰。因知詩好不貴多,蘭發一花真絕代。我閒無事欲選詩,引年卻疾此最宜。諸君愛我競持贈,已覺五日忘朝飢。序詩但序齒,周子大槐。龍頭趙彥倫。龍尾。好詩非好名,未許妻孥喻悲喜。我年十一私塗鴉,叢殘舊稿紛如麻。南城曾中丞燠。師事惲生敬。友,揀金一再勞披沙。劉郎珊。所錄尚千首,詎免俗豔矜春華。諸君努力爭千古,無定升沉何足數。老我空懷說士甘,賞音略識良工苦。東望漅湖感逝湍,梅花消息殢春寒。一編淝水蘭言錄,便作詞科薦牘看。

夏秀才雲持詩集索序代之以詩

我初渡江來,求友左廉訪。輔。報書寥寥只一人,已望浮槎動遙想。廣文到官一事無,出門不待呼肩輿。敲門如雷久始應,知汝歲暮仍飢驅。君家東頭兩佳士,我識長徐兼短史。徵詩索茗屢過從,見汝雙扉扃不啟。雙扉雖掩春能來,隔墻兩度梅花開。今年始共花下飲,詩格如花亦仙品。獨憐病骨太清羸,梅自橫陳人獨寢。德清司馬陳郡丞斌。久抱疴,愛爾詩好還高歌。前追詠懷後感遇,我信斯言異虛譽。試看雜興五十篇,端毅集中無此句。我初縱筆為歌行,頗向流輩誇吟狂。後來稍窺五言秘,欲與陶謝參翱翔。君今此體天下少,慎勿見異趨名場。此邦好士劉前合肥大令珊。與薛,前權廬州太守玉堂。知爾未深偏易別,嗟我平生一片心。空詠緇衣寄騷屑,病緒經春各自知,鬢絲禪榻費支持。頻移瀟灑臨風影,慰我淒清聽雨時。

為盧明經先駱點定詩集因題卷端

盧郎才思通銀河,清辭麗句刪逾多。一燈微吟夜將半,窗外碧月流寒波。三千餘字頤園賦,燦若銀花開瓊樹。何止嘉名壓駱丞,足使王楊同卻步。自古才人易感秋,石城涼雨送歸舟。左車霣灑生前淚,晉相瘍生夢裏頭。君以病疽,未及鄉試。天遣工詩窮不死,籬菊花殘人病起。夙世難消六代愁,新編乍貴三都紙。君近刻竹枝百首。我到平梁訪友勤,傾心第一倚樓人。還從城北邀詞客,重與江南賦冶春。謂趙孝廉席珍、徐徵士漢蒼。

趙孝廉席珍詩集題後

一卷詩應冠五城,直從東晉接西京。十年劍氣銷將盡,三疊琴心道欲成。悟後火雲都化碧,閒中水月鎮雙清。便圖作佛尋常事,遲我吟壇聽梵聲。

贈李徵士宗白

孝廉之徵李生可，我言於眾皆云宜。君聞逃避不我即，三月索處澡湖湄。我知一字傷君意，觸我同揮鮮民涕。鮮民顯揚雖後時，四十應為致身計。韓公好士天下無，謂前合肥令劉海樹刺史。徒步徑訪盧全居。打門未敢役軍吏，恐復驚爾門前鼃。滔滔萬言意未竭，力折君心如折鐵。漫憶原嘗賦感知，居然主客成雙絕。我向浮槎獨舉杯，野雲滾滾出山來。盛時底事占蜚遯，異等何人重茂才。吾家小阮辭徵切，耀遹。我痛兄亡兼嫂節。為廬事狀上中丞，信我公言非曲筆。光範門下三上書，吾儕自命當何如。其言不讓固堪哂，抱器終老寧非迂。蕩蕩天衢待翔泊，雅知不負尊前諾。愧我猶分博士羊，如君豈是羊公鶴。頻年比屋聽吟聲，目斷春江送遠行。奪我東都溫處士，一燈話別不勝情。

示良勝兌貞

木蘭替耶征，緹縈代父死。庸行汝勿驚，彼亦人子耳。汝曹頗知書，垂髫受《曲禮》。奈何定省節，亦漸涉懈弛。阿大貪弄兒，阿三常晏起。我偶入中閨，欲言已屢止。汝母獨操作，出入無停趾。於汝心安乎？徒知母恩恃。他日遣汝歸，事姑亦如此。失教誰之咎？習勤自今始。

新年今始衰，去日亦已多。中夜忽念及，怵惕當如何。承歡貴及早，轉眼成蹉跎。秋衣合裝緜，勿俟長夏過。夕膳宜加羞，勿俟日影矬。我昔事大母，罪愆積嵯峨。責報乃太奢，恐遭神鬼訶。雖然前車鑒，告汝非煩苛。異時風不寧，涕淚空滂沱。

阿聰年十四，負荷恐弗勝。西華愴葛帔，不言心屢驚。他年姪從姑，猶冀通遺經。意外或舉子，齒弱逾伶仃。女兒慎保護，庶望得長成。子女可重育，弟姪難再生。以此報罔極，差足慰九京。吾衰復多病，後事常填膺。灑淚示此詩，非箴亦非銘。出入一省視，孝思可以興。

程同年定諼官盧江學博士書來羨郡城讌燕之樂作此答之用坡公送呂希道知和州韻

淒淒落月照屋樑，苔苔衰草橫斜陽。與君咫尺不相見，何異蜀道連羊腸。此邦之人怵憂患，奇字空與搜《凡將》。悶來徑欲拂衣走，且攜杯酒澆周郎。公瑾墓在盧江。我今所得固應勝，勝侶入座含珠光。昨來嫁女故鄉去，歸心時逐風

帆張。謂劉合肥。若持寒氈較墨綬，嗟彼去住逾徬徨。程生少安慎毋躁，行與笠澤浮汪洋。

答劉大嗣富用坡公送劉景文韻時劉客宿州

山妻煮粥來相呼，曉日已射庭西隅。冷官習惰恣偃仰，且未汲汲求文無。小兒德祖大文舉，兄事袁盎弟灌夫。當時少年十數輩，醉行欲喚長娥扶。牽雲曳雪夜苦短，攬鏡訝此鬙鬙鬚。展君尺素笑絕倒，肉糜可食寧非迂。黃塵徒步走京洛，見慣油碧飄流蘇。負薪衣錦隨所遇，豈可空谷無名姝。茆簷曝羽雀聲樂，不暇枯菀歌吾吾。題詩報君博軒渠，春暖就我浮澡湖。

記客譚用坡公上巳日與二三子出遊韻

鴛湖釣師錢岱雨，初白詩孫字梅塢。蕭齋著此兩佳客，何物病魔余敢侮。恰逢調水初入城，不覺頹陽過卓午。為言寒夜坐岑寂，欲喚飛仙相爾汝。試趁殘香寶鴨溫，果見盤沙瘦蛟舞。肯隨靈素闢荒幻，只許初成共仰顑。乩仙林氏兄弟。邇來偶逐過江雲，小駐浮閣作山主。幾人白髮誤丹砂，差免朱顏委黃土。此時二子逸思生，便擬茆庵築荒圃。異時我主蔡中郎，浣霞本是麻姑降臨所。阿咸偷習詅癖符，香延。頃刻西山下毛女。女仙數輩，自言西山之中，聚族而居。分明皓捥運纖毫，恍隔冰綃聽軟語。自云草草整堆雅，「知否月明青鎖下，有人小立整堆雅」，乩仙句也。竟遣亭亭玩眉嫵。有自稱紫府尚衣者，香延嘗夢見之。秋風吹我渡桑乾，回首舊游如玉字。意而猶自戀芹泥，爰居幸不聞鍾鼓。兼旬臥疴方啟關，急景彫年已如許。何當從君學沖舉，快脫樊籠拘繫苦。西鄰劉郎亦仙宗，海樹。訣蕩天門定無阻。祇愁難覓辟穀方，君家縐雲豈堪煮。縐雲，查氏園中石。嗒然坐對無可言，客去詩成渾漫與。

錢太守冬夜不寐得風欺燈影綠依人之句足成一絕

病緒鄉思自轉輪，風欺燈影綠依人。不知幾許如椽燭，半照修書半作薪。

余十三鼎寄古鏡銘拓本裝治竟題二十八字

縮本迴環續楚詞，逐臣棄婦兩誰知。天涯我亦離人影，怕攬菱花照鬢絲。

寄舍姪西安用坡公臘日遊孤山韻

去冬送我浮澡湖，入關十月一字無。夜來相見甫執手，清夢一失難追呼。我窮

於世罪及拏，幸有德耀無清娛。一官且欲息勞喘，攜家敢怨客路紆。三閒茅屋博士廬，坐對鄉物寒輪孤。宛然深山一蕭寺，但愧入饌非伊蒲。長官寬大容我懶，有時入謁日已晡。浮生何事耿胸臆，終恨別汝非良圖。吾生壬辰汝辛卯，知非應已如衛蘧。曷不早歸就我共簷曝，此景他日宜有丹青摹。

聞蔣大因培罷齊河令

遙聞一語罷官回，此日江鄉正放梅。譽不可偏而敢毀，世皆欲殺我憐才。也知久住終何補，若果能歸豈待催。除是諸生相習久，臨岐或有淚盈桮。

寄韓處士用坡公西湖懷歐陽叔弼韻

亦山別我去，對雪嫡舉觴。雪晴一屈指，始覺別日長。水凍莫愁湖，泥滑雨花岡。蕭蕭白下門，並少木葉黃。何哉久淹留，為歡豈未央。曷不翩然來，共此寒梅香。我有新賦詩，音調參伊涼。或能愈頭風，不減陳孔璋。君方病瘧。馳書促揚帆，前約不可忘。

夢君素

淺土拋兒臥，他鄉省父行。何恩稱罔極，此恨盡餘生。大母歡如昨，君姑痛未平。頻年別來意，欲訴各吞聲。

再寄韓處士用坡公百步洪韻

少年下筆如春波，綺麗欲奪織女梭。疾書差掩苦吟跡，一字不厭千回磨。年來才盡氣亦放，坦率且欲師東坡。殘冬米盡置弗問，寒燈一粟挑銀荷。詩成自笑何所似，有似積潦無盤渦。故人南歸興益索，夜夢小閣臨琴河。絲絲春柳拂矯鬌，娟娟秋月明纖羅。俊遊回首豈堪續，雙輪疾走逾明駝。劉郎上考轉惘悵，海樹。羔裘空復吟委蛇。團團踏陳牛旋磨，擾擾逐隊蜂投窠。蕭齋無鄰獨清曠，容百債帥如余何。願君急來共歲暮，五窮自有神荼呵。

子辨子濤戲於庭前縶冰為山並各有詩見示亦成三絕句

雲外儻逢千尺雪，壺中全削九華山。怪君詩思清如許，積素閒庭鎮掩關。

居然分于仿倪黃，復嶂層巒滿堵鄉。十萬八千修月戶，一時添著白霓裳。

也知冷宦渾相似，尚有奇文可許同。欲與夏蟲通一語，了無心性耐炎風。

送憚翊彙昌歸省

相依垂十稔，一旦忽言別。後會知匪遙，怪我語聲咽。我年及始衰，一孫甫結髮。從子讀五經，頗亦解盜竊。乃翁抱孤心，志行詎所悉。立身值微賤，矗復具本末。已蒙有道恥，敢忘君子疾。無窮身後情，付子吾願畢。

昔我交而翁，負才氣恒放。時時荷良規，稍稍息眾謗。冰清諒可愧，父執詎當讓。愛篤期益奢，策厲或過當。感子意不違，偕我趨所向。今歸勤定省，師資正無量。努力成修名，盛年不再壯。

陋儒多所疑，石鼓屬宇文。篆法久中絕，殃及中書君。天授鄧夫子，完白山人。一掃千重雲。誰從萬牛毛，辨茲獨角麟。太史皋文先生。迴清矑，功與創始均。憶子執筆初，弱腕勝千鈞。為我作屏幛，觸目驚先秦。勿畏行遠難，但恐岐路分。持此屏俗學，抗志希大醇。

守歲燭

守歲歲不留，三更背人去。燭奴最傷離，終宵垂玉箸。

壓歲錢

漫箸《錢神論》，由來不買春。河閒數錢女，雙鬢亦如銀。

迎財神

迎財神，迎財神，白羊赤鯉縱橫陳。主人長跪奉一尊，神倘福我願作神功臣。為神造福遍九姻，財神聞言愀然歎，財尚未來先議散。君不見書生不識神性情，東鄰富兒笑絕纓。

醉司命

司命守官不飲酒，夜夢酒星飛入口。年年此夕奉一觴，今年司命歡未央。誅蕩天門方召對，司命趨朝未破醉。懷中薦牘臣無私，臣伶臣籍臣所知。

除日對雪懷舍姪

恩恩觸暑去咸秦，此日依然作客身。極望關河風雪影，天涯幾許未歸人。

答劉泗州珊人日見寄之作

人日懷人例有詩，江天雁影感差池。閒庭未埽年前雪，病榻新添鬢上絲。惜別

始驚身是客，積陰直恐月難期。梅花咫尺無消息，鄉夢何因到柳枝。

喜劉泗州至即送入覲

春陰人病鎮愁絕，今夜見君兼見月。流輝滿天不可攀，招手瀉入胸懷間。我年十五知求友，劣虎優龍無不有。故人何止升巍科，半絓黃金印懸肘。劉郎讁墮骨仍仙，官愛江南已十年。一朝天子作知己，不待吹噓上九天。我亦蒼生思借冠，索居無計銷長晝。一梣瑤玉送班生，淚痕未覺青衫透。瀫湖水淺別愁深，百感蒼茫付短唫。為我舊游尋夢影，丁香如雪柳成陰。

再送劉泗州

君來日卓午，君去月欲沈。將行復還坐，惜此分寸陰。廿年幕府狂書記，偶得頭銜真失計。意外逢君一展眉，知我胸中鬱奇氣。閒宵起舞聽雞聲，朝食還飛一騎迎。深譚漫索旁人解，盛譽先教長吏驚。兩年禮意閒中數，何止能憐著書苦。官貴仍容弟灌夫，論才獨許兒文舉。去年別我安州行，掛劍臺接分金城。九原交誼差不愧，祇我索處難為情。今年送君朝帝京，春愁病緒方交並。眾中握手語聲咽，不若賦詩肝膽傾。男兒入世戀知己，幾輩真堪託生死。清時無事可許身，誰識人閒報恩子。知君重來未可知，正恐君去來無時。手指圓靈誓終始，天涯長汝照相思。君不見車笠之盟吾所恥，耳餘豈足污青史。

病起

一月春來不見春，捲簾誰道柳條新。客能識字都留坐，婦善持家未覺貧。逝者如斯從過眼，歸歟可待且安身。腳中有鬼吾無怨，猶勝關山重繭人。

及門徐徵士漢蒼以其六世祖侍御君遺研見示為賦此詩

孤兒學書磚作硯，鬱林片石何曾見。遺經都逐暮雲飛，故物惟餘一氊賤。徐生與我同孤貧，干霄喬木摧為薪。偏親何物作師俸，十年典盡文房珍。此研居然傳七世，曾侍南臺草封事。誰言石曰不可耕，甘雨時揮愍孫涕。我讀銘詞重慨慷，書生結習最難忘。復壁仍攜四賢象，蓋棺但囑黍書藏。一硯區區真敝帚，製器偏期後人守。幾處華堂易主來，木難火齊今何有。且晚公車赴特徵，諍臣廉吏好家聲。願將一片端溪石，長照慈闈夜課檠。

種梅一株三年始作花俗名照水梅也詩以詠之

獨客展書坐，佳人背面羞。問花緣底事，終日不擡頭。

一樹垂垂發，三年寂寂過。息夫人病起，可待畫雙螺。

一笑不容人索，半開猶滯春寒。我亦閒愁難遣，為伊憑遍闌杆。

水邊疏影誰伴，鏡裏朱顏自憐。待到半規月上，也應一盼遙天。

花朝雨

一庭風雨過花朝，客裏情懷太寂寥。對酒恨無蔬可剪，衝泥那更客難邀。繁聲訴別憐鳩婦，生小禁寒是柳條。盼得晚晴明月上，添衣攜與坐深宵。

詩成雨霽月色清絕喜作短歌

我詩有讖果奇中，叱月穿雲破雲夢。疎篁一葉一月光，此時梅花吹暗香。寒林無花復無葉，潑墨灑遍庭西墻。春陰花事關裹裹，一鏡全將百花照。花神晏起天不瞑，別以月夕償花晨。添衣有約聽殘漏，卻止官奴進醇酎。明朝試仿展重陽，補祝花王千萬壽。

刻初集竟戲題面葉

我無濟勝具，集少遊山詩。交臂失三嶽，<small>余三過泰安，登岱未果。後客洛陽，傅蓋平招遊嵩山，莊同州招遊華山，俱以疾阻。</small>追悔今已遲。頃來客汝陰，絕境懷天池。會當抉層雲，一吐胸中奇。浮閣顧余笑，奢願難堅持。距我一日程，來遊尚無時。

題及門蔡徵士詩

我生愧多聞，自命祇直諒。詩文就商榷，求疵或過當。雖然遇賞心，竟欲拜嘉貺。撫几成微吟，繞屋發高唱。尋山供臥遊，敘別代惆悵。如蜜沁心脾，如刀鑴腑臟。轉輪復為人，佳語未應忘。蔡生拙修飾，下筆頗頹放。心花忽怒生，顯晦不可狀。口噴珍珠簾，手削碧玉嶂。我為芟荊榛，庭院乍清曠。芝蘭意欣欣，快埽百重瘴。生也不我瞑，刻骨感期望。三年客汝陰，局促意不暢。默然儔人中，說士輒神王。藉此盪羈愁，遣計集群謗。惜哉迫徵車，行謁羽林仗。我欲賦帝京，虛願不得償。屬子其毋辭，天門正誅蕩。

開歲初得家書仲緒筆也喜而有作

春來離緒劇殘冬，照眼紅箋墨瀋濃。未免代伊思誤字，如聞呼壻為題封。塗雅

已覺今年好，歸雁纔看一度逢。莫笑我饒憐女癖，封胡音信太疏慵。久不得循應兄弟書。

夢先太孺人及五姊枕上作

別姊垂卅年，別母逾十載。相將入我夢，顏色固未改。不怨夢易醒，但期母長在。撫枕驗淚痕，承歡信可待。

兒欲從母去，牽衣母不憐。豈不識母心，門戶孰仔肩。雖然更卅載，兒復如母年。去既等逝水，來亦同飛煙。願姊子職供，遲我雁影聯。

哭錢三丈季重

烏衣門巷乍經秋，梁燕何曾解別愁。向日自捫王猛蝨，衝泥都識晏嬰裘。朝朝買醉逢人乞，昔昔填詞倩婦收。料得綺疏橫屋角，歸魂獨上水明樓。

早起看杏花寒甚

一院寒花爭曙色，雙棲倦鳥戀餘溫。今年春草如秋草，人病天陰稱杜門。

盧生先略採蘭圖

十年風木恨，讀畫一沾衿。君有偏親在，休成遊子吟。識塗悲老馬，反哺羨歸禽。鑒我前車覆，循陔惜寸陰。

清明日遙拜先隴作

平隄春草綠，傷此望遠心。三年別丘墓，樹色應已深。昔為反哺鳥，今作辭巢禽。辭巢幸無苦，同棲如故林。吾親獨長眠，土氣圍陰森。孫曾五六輩，澆酒淚滿衿。一子翻遠遊，陟屺罷苦吟。屈指歸骨期，不怨白髮侵。

報謝姜通守廷燦餉鰣魚

一騎流星速，雙魚出水鮮。蕈羹遊客思，錦字故人牋。節候蒲觴近，歸程釣艇便。兩家餘舊業，煙水夢遙天。

贈張秀才丙

知有詩人來，強臥不成寐。凌晨聞敲關，趿出把雙袂。果然眉宇間，秀聚蜀山翠。夜來讀君詩，寒熒發光怪。七言設長城，百雉壓曹鄶。尤工懷古篇，全史恣澎湃。我衰事事慵，說士意猶銳。索詩如索米，時方輯《淝水蘭言錄》，征諸君詩文。

求友似求艾。三年始識君，喜極乃成噦。冷官何所營，尚媿失交臂。君前過訪，未之奇也。頃趙生彥倫以其詩來，始為歎絕。矧彼簿書絭，寧免物色眜。奈何風簷中，苛論責聾瞶。明珠不能言，一擲等草芥。行浮富春江，慟哭方三拜。君倘從我遊，幽憂疾應瘥。

黃秀才承谷為作冷宦閒情圖十二幀筆意清妙時從張四宜尊學畫甫三月咄咄逼人有冰寒於水之意詩以張之

屈指平梁詩弟子，黃生最似六朝人。近來畫筆尤無敵，持較詩才更絕倫。驚爾速成知慧業，老余作達寄閒身。不妨便有千秋想，幅幅流傳逸事真。

奉和儀徵宮保過合肥留贈韻

早衰情緒戀卑官，卻憶師恩意未安。驥尾諸賢先百世，謂張編修惠言、李忠毅長庚。龍門故道隔千盤。修成信史衣無縫，公前充史館纂修，作《儒林傳》，採輯他書，自名某、某縣人以至終篇，無一語自譔。校定群經義不刊。獨媿才名齊李白，嘉慶初，公著《定香亭筆譚》，稱繼輅詩似太白。薛華長句少人看。

附宮保詩

廿載才名博此官，省君清興甚相安。著書絕勝芙蓉鏡，卻病無過苜蓿盤。往日池亭如古蹟，是日縱譚浙中舊游。故人詩卷喜新刊。勞勞似我君休問，試捋霜髭付與看。

寄祝二

知交遍天下，獨君處一方。如何竟日程，會面亦不常。去年君來時，我病眠匡牀。病癒還送君，別緒逾傍徨。君欲招我去，無人宿春糧。我欲訪君行，又乏一葦杭。浮閣山頭月，娟娟如故鄉。能將兩人影，攝入一鏡光。安知君齋頭，凍雨傾淋浪。百里異顯晦，人事矧可量。我雖苦衰疾，奇氣猶縱橫。鬱鬱久居此，無咎占括囊。我雖苦衰疾，文筆猶汪洋。鬱鬱久居此，相賞徒驪黃。豈無山陰酒，腐我肺與腸。亦有霍山茶，阻我夢羲皇。我譚不敢高，譚高驚路旁。我吟不欲苦，吟苦肝腎傷。兀兀一室中，傴臥容頑唐。有客忽相訪，自云字古狂。衣冠既奇偉，鬢鬒亦清蒼。揖我邀我遊，俊騎集鸞凰。蹴踏白雲背，呼吸瑤草芳。下視何所見，螘垤連蠭房。不知塵海中，君時何處藏。曷不假雙翼，天風共翱翔。我夢既易覺，我憂不可忘。作詩聊報君，要約冀得償。君山搆茆

屋，蠡河營草堂。興至一過從，曉月連斜陽。我時攜仲容，君亦偕士衡。庶幾樂餘年，遣此兩鬢霜。

夜起懷舍姪 時客泉唐

夜起見殘月，悄然秋意生。微雲簾影近，濃露草香清。翻自惜餘暑，因之動別情。遙憐湖上艇，鄉夢趁潮平。

牽牛花開連日早起

天上催粧近，籬邊引蔓稠。此花能戒旦，有客最驚秋。影比瞿曇現，心隨曉露收。今朝如欲雨，應許為遲留。

聽雨寄舍姪

分明潑墨寫松杉，斷葦殘荷半未芟。一度新涼秋後雨，十年舊夢夜行帆。漸看愁侶歸泉下，謂浣人、次升、芙初、尚文、道南、小仲、子述、吉常諸君。從此鄉思在枕函。遲爾暫來餐苜蓿，幾時生計託長鑱。

舍姪舉孝廉方正書來知引對有日先寄一詩

省書歡出涕，亦匪為科名。舉錯天聰近，明修母教成。由來榮里選，於汝驗家聲。服政未云晚，休驚白髮生。

聰應蓄一白鷗漸馴感而有作

毛羽終嫌到眼明，家禽小隊見孤行。星星漁火盟原在，昔昔烏啼夢不驚。浩蕩易消狂士氣，煙波暫抑故鄉情。風高弦急秋江畔，試聽寒沙落雁聲。

九日攜鍾應聰應城樓登高

登城何所見，稍覺碧天寬。雁影界雲直，松風過水寒。憑高易生感，斷飲不成歡。料得北原菊，北原吾鄉種菊處。繁花正耐看。

五雜組

五雜組，大府輿。往復還，臨交衢。不得已，揖路隅。

五雜組，綠綺囊。往復還，思故鄉。不得已，朱弦張。

五雜組，織女絲。往復還，秋風期。不得已，留文辭。

重九後一日示及門李趙四茂才

天與浮生萬斛愁，絕無風雨不勝秋。良宵寂寂醒殘夢，佳約年年誤白頭。樓上頻煩量沈宋，暗中容易索何劉。窮途老阮饒奇策，_{反用遺山句。}淚漲春潮送遠遊。

寄劉大開

何心煮酒共論才，尺五寒雲壓檻來。明鏡重窺仍絕豔，寶山一度又空回。牛衣夜灑王章淚，馬骨秋高郭隗臺。我是武夷君侍者，年年聽曲不勝哀。

及門李明經汝琦秋試不儷僕以詩慰之生答詩有先生寧以科名重我輩全當骨肉看慚愧師恩同罔極受時容易報時難之句讀之愴然復此代簡

鳳羽龍文到眼明，新詩脫口淚同傾。敢勞陟岵思元禮，無分裁牋薦禰衡。_{年前舉生特科，縣令謝君以年尚少，抑之。}似我前車真覆轍，有誰生馬試橫行。為君根觸平生恨，說士酬恩總未成。

三女病有起色

舉頭乍見有情天，雲影山容特地妍。阿母計窮初侫佛，_{山妻不信釋氏，至是為持齋誦經。}侍兒恩重願分年。舟行出險還如夢，珠許重擎倍可憐。準擬今宵眠貼席，宜春遲爾擘瓊牋。

喜三女倚枕小坐

兼旬愁絕聽吟呻，今日方看面目真。為汝已經三破膽，慰余直是再來人。敢云弱善堪蒙福，從此趨庭恕向晨。_{兒嘗以晏起受責。}信道未堅宜自訟，紛紛疑讖太無因。_{方病劇時，雅鳴鵲噪，俱關憂喜。}

崇百藥齋續集弟二

香適集癸未

春分日對雪戲成四韻

倚檻驚春鬢，迎寒啟玉鑾。柳枝方轉綠，飛絮已因風。蛛網冰綃重，桃鬢絳蠟融。遙憐冶遊客，歸騎失青驄。

雪霽見月

居然心跡證雙清，雪月都來共一庭。寡過未能差寡欲，盛名難稱豈逃名。書憐伏女鈔無誤，詞付秦觀和易成。謂君孚、子濤。更喜小同初放膽，十三文筆已縱橫。

夢五姊

海山兜率昧前因，知死空勞問至人。地下卅年青鬢在，夢中一慟淚痕真。生憎箸論題無鬼，且願幽棲謝轉輪。遲我異時聯雁影，不辭日聽詈申申。

喜朱陳兩侍郎並以三品卿銜予告

天與歸帆一葉輕，籌兵轉餉感平生。老臣敢作抽身計，聖主能全去國名。應有青山邀展齒，依然翠羽飾冠緌。當時虛譽兼慚感，幸未真煩倒屣迎。雲柯侍郎招校勾山先生遺集，虛舟侍郎聘主關中書院講席，皆以疾阻。然知己之感，未之敢忘。

自題近詞

一卷新詞自校讎，行閒似有淚光浮。屈魂鮑鬼三更影，香炧燈殘萬古愁。蕩氣正宜人薄醉，孤心況值序逢秋。從他竟署屯田墓，未必傷春再白頭。

張秀才丙久不見過口占寄懷

不見張郎久，相思遣最難。書憐柔日輟，君尤善論史。客罷腐儒餐。樂府近何似，柳花吹又殘。牽舟如可住，各有舊漁竿。

祈晴

盧陽禱雨已三年，今日祈晴事偶然。歸騎恰迎朝日出，驚雷又起夜窗前。半墻菭色綠於黛，一片瓦花黃接天。咫尺濊湖煙水闊，那無鄉夢上吳船。

戲柬蔣博士

蔣生貽我花一蘲，其花一月一度紅。是時君將返鄉國，戒我看花必相憶。我生無好友為命，索居囅識花情性。稍恨此花俗亦賞，似覺吾曹冷難稱，兼旬苦雨天昏黑，爛卻官田十斛麥。乘雨種花計亦得，慎勿低顏愧殘客。

答盧博士澤次來韻

漫向天涯感踏陳，隔墻聽雨亦經旬。小眠攘減三分壽，大患難拋七尺身。蘿薜荒涼山有鬼，琴樽淒寂巷無人。祇君鬭茗齊名早，舌本餘甘味最真。

不須空際惜優曇，細數歡筵酒易酣。殉死舊書千遍讀，救生本草十年諳。蕭齋客至添新病，卜肆人歸罷縱譚。見說君家仙枕在，可容選夢到花南。

盧州四五月閒比屋瓦松作花黃色細碎香氣滿城素所未見詩以詠之

適因楸樹惜幽香，庭前楸樹作花香，極清遠。古無詠者，惟杜詩一見。又捲蘆簾見淺黃。蕭寺雨聲餘碧瓦，桑梯人影出東墻。幾家華屋成秋苑，十里山城正夕陽。挑菜踏青都已過，經旬為汝感年芳。

雷車

電光隱隱聽鳴騶，雲影恩恩見水流。失筯何人驚小飲，衝泥有客悔前遊。蔬盤新筍都傷別，藥裹雙丸不療愁。除是芙蓉消息近，橫塘疎雨又迎秋。

秧馬

幾處歌聲聽插秧，江村珍重值年穰。鞭絲一樣登程早，笠影無煩下騎忙。地近蜀山思故相，人來冀野感留良。不須苦憶橫門道，壯士歸耕鬢已霜。

喜晤張博士_{興鏞}次前換官無為留別太倉諸生詩韻

老戀寒氈罷遠遊，心期都負樂天衷。不堪互指霜侵鬢，記得相逢屋打頭。_{庚申鄉試，與君同號舍，是為相識之始。}懷舊已知身是寄，_{謂古華、蓮裳、甘亭、芙初、味辛諸君。}感恩猶有淚能流。天涯一夕樽前話，四月涼風似晚秋。

三閒老屋舊家風，三泖隨君入夢中。起舞漫驚衫袖短，投閒仍苦帽紗籠。_{盧州迎候紛繁，君在太倉，恒終月不著公服。}解嘲翟茀卿慚長，_{夫人以君官學博，例不得先受子封，故戲云爾。}兼福文章子勝翁。_{謂舍人祥河。}他日蒲輪徵耄學，莫瞋雛鶴頂先紅。

張博士有詩見酬再次前韻

芍藥丁香感舊游，能知往事有徵裘。誤君最是歐陽耳，責我空煩子羽頭。十卷可能傳沒世，一官剛許附清流。_{前明教官未入流，我朝始陞八品。}故人苦憶聯牀樂，廢寺殘荷未覺秋。_{時得小宛見懷詩，有「蓮花寺裏舊論文」之句。}

十丈狂塵一筆風，孤吟好是雨聲中。溫公待客無茶具，杜老隨身有藥籠。索笑戲邀梅作婦，信天猶愧鳥稱翁。羨他罨畫溪頭客，_{學侯方選荊溪訓導。}黃雀披縣早稻紅。

送蔣博士三疊前韻

經年未作蜀岡遊，出餞仍教惜敝裘。_{時在病中，未能沽酒為別。}蔣徑重來餘燕壘，華公一去失龍頭。別懷豈止雲千疊，_{今年平叔侍郎移鎮閩疆，初亭、海樹兩太守又先後改郡。}故里方驚水亂流。_{懷寧屬有蛟患。}何日皖公山絕頂，盪胸同攬大江秋。

尚書愛士感餘風，辛苦尋芳白葦中。注易虞翻屯骨相，_{謂杏江明經。}工詩李益困樊籠。_{潤之秀才。}都應有淚揮知己，行見裁紈畫放翁。我亦傷離腰帶減，羞將秋鬢插春紅。_{君臨行時，有腰帶、盆花之贈。}

張博士將返臨湖續話昔蹤四疊前韻

浮閣咫尺阻清遊，笑我真披五月裘。_{時肝疾久未愈。}詩格頹唐多注腳，酒懷消減強扶頭。友當客路難為別，書比官堦或入流。_{君以東洋繭紙索書。}君挈霜螯_{臨湖多蟹。}吾蒔菊，一樽準擬餞殘秋。_{君九月當復來此。}

雙牋飄墮不因風，_{甲戌會試，與君同房被落。}沈謝空煩索暗中。三月愁生青玉案，十年塵涴碧紗籠。平津客舍餘荒草，綠野園丁有禿翁。疎雨新荷殘夢覺，輕衾小簟一燈紅。

自客盧州友人尺素又積數百函暇日手自檢束付聰應藏之並示以詩

冷宦頻年無長物，故人萬里有音書。莫嫌他日歸裝累，看取黃庭出世初。

縱筆何人逞辨才，麗辭幾輩費精裁。付伊幅幅從頭看，一紙無煩避客開。

聖世曾無朋黨禁，知交多半箸書成。他時作志徵先友，一一人閒有姓名。

夏日曬書畫示聰應

未賣園亭先賣書，烏衣馬糞鎮愁餘。吾家世物寒林在，不是先人宦橐餘。_{恭城公課蔣少司空櫛成進士，文恪以李營邱寒林圖為贈。}

自題冷宦閒情畫冊

參同仙客此燒丹，可惜丹成去不還。仙犬翻知前輩在，踏雲來往八公山。_{四頂看雲。}

淝水雙流照眼明，夕陽恨少一竿橫。此中魚有沈冥意，久讓包公鯽擅名。_{雙流晚釣。}

品水中泠憶往年，惠山一掬玉同妍。擬招好勝溫忠武，來試人閒第七泉。_{浮槎調水。}

留取煙波盪客愁，鳧翁雁弟共迎秋。如何楚尾吳頭畫，偏著天隨五瀉舟。_{濠湖泛秋。}

東漢辭章半未安，諧聲端藉說文傳。何當別定熙朝本，敕取書仙吳彩鸞。_{群經審韻。}

劉郎_{海樹。}三十早驚秋，垂柳垂楊寫暮愁。此日更深搖落感，經旬不上水西樓。_{袞柳填詞。}

迢迢春水石塘灣，塘上人家畫掩關。玉樹一株_{黃生承谷。}花四面，尊前忘看隔湖山。_{石塘訪友。}

天教珍偶慰流離，夫壻雄姿一代稀。唾手封侯無別苦，江東烏鵲亦雙棲。_{安豐題墓。}

夏園蕉葉徐園竹，颯颯都宜疏雨來。好在不驚秋夜夢，勝他庭院自家栽。賞雨攜尊。

春寒惜別陳驚座，秋麓一丈。歲暮傷離薛醉歌。畫水六兄。絕世憐才兩司馬，青衫熱淚賺人多。衝寒送別。

陳王達識更無倫，後世誰知子定文。惜我已遭人倦臥，又將古調誤諸君。學舍定文。

若昭若憲鎮齊肩，嫁婿依然倚母憐。一事差堪誇謝傅，柳花句好不成篇。雪庭聯句。

聞洪四胙孫稚存先生子補學官弟子並寄洪三符孫都下

我交元方孟慈。年十七，駭綠紛紅兩枝筆。洪陸同音，當時里中語。阿翁呼我作獅兒，譽我才敵孫郎淵如糧儲。奇。吾鄉文儒甲天下，八十詞源尚如瀉。謂莊勉余、程霖巖兩丈。莊中允表兄。楊荔浦外舅。劉卣亭舍人。趙味辛司馬。鬑鬑髭，飲中僅比崔宗之。我參末座氣疏放，不及元方工揖讓。明年阿翁入翰林，從此離愁寄天上。浮生夢影休回首，死別生還無不有。中閒珍重對門居，互聽吟聲十年久。王孫巷接綠暉橋，拂盡河隄柳百條。咸籍齊年將及壯，舍姪劭文。紀群圍坐不分曹。千里生徒方請業，幾家子弟又論交。公瑾伯恬。朝華摛六代，江都晉卿。夜夢嚼三爻。阿三十五尤頑劣，賭跳纔歸語聲吃。喚來函丈罰題詩，題難韻險彎戔闊。一揮飛步揭簾櫳，賜橘雙雙出袖紅。阿母破顏諸姊羨，此時君正在懷中。尊君作達豪逾昔，六十能揮典韋戟。天山雪向鬢邊銷，旱海塵看冠上積。正月春暄放杏花，長筵餞我上京華。卷施水閣簾初卷，斜月西堂月欲斜。續罷城東酒人曲，戊辰入都，尊君作《後城東酒人行》為贈。微窺頗怪眉痕顣。一步空悲訣別遲，己巳五月十三日抵里，先生尚未小斂。重逢竟阻人天躅。憶昔持衡到鬼方，奇才樸學費評量。先生黔中懷人詩，奇才樸學我兼師。謂繼輅及臧君在東也。拜經人已傳千古，在東歿後，已入儒林傳。補雅書誰錄寸長。兼旬慟哭思知己，提月麻衣旋被體。巷北哀號徹巷南，鳥語全沈草心死。難兄除服宰夷陵，出手先傳治獄平。匜篋攜家消薄祿，一篇循吏補家聲。閒庭落葉紛難掃，俯喬仰梓連年槁。阿四無田識字多，阿三賣賦辭鄉早。燕子分明見盛衰，園丁都解傷懷抱。喬公小女亦流離，君娶於錢，為山妻從妹。師俸先煩典嫁衣。報我初枛天路近，如君傳研世家稀。喜心倒極翻揮淚，懷舊詩成鑪影碎。可記於菟駢語工，君六七歲時，嘗以子母牛對叔孫豹。從施行馬郎君貴。堆盤盧橘閒楊梅，競渡江鄉別幾回。夢向宮墻

觀釋菜，襴衫一色顧塘來。

夏月畏風特甚書此示客

披帷人宛在，當暑不禁風。藉可留香久，差難昇客同。背鐙移顧兔，叩紙謝驚蟲。夢豈隨飛絮，遊真悔轉蓬。敢移吾榻遠，尚覺畫屏空。多愧陳留阮，重垣一望通。

寄莊表兄虞選

七十衰翁志行殊，年來貧病更何如。盜泉一勺無勞寄，淚灑先生誡子書。聞君年來境益困，屬以家書見屬，急欲一知近狀。未及轉寄，遽啟函封，展讀未終，不覺五體投地。

黃壚感舊詩四十首並序

> 余所習里中酒人，自先君執友為一輩，通家子姪暨從遊諸君為一輩，繼輅以少，故又別為一輩，然下世者亦十五六矣。暇日根觸往事，隨筆成詩，目曰黃壚感舊，並寄錢三丈、夢雲。趙四丈、球玉。左侍郎、輔。段司訓。達和。

南華先徵君師。昔賦酒人篇，說到生離便黯然。豈料而今多死別，霜華雲影十三年。

八十詩翁心不盲，程霖巖六丈、莊樂閒咎氏兩目失明，時號二盲詩翁。長篇多半酒邊成。兩家公子都能飲，可惜曾無家釀傾。

不飲偏能愛酒狂，舍南竹屋夜傳觴。風筝天半銀花合，見我先誇目十行。吾鄉好紙鳶煙火之戲，蔣丈蓉菴侍御尤喜為之。每召觀，先母必以背誦日課雋度到常稍後。

茂林修竹小蘭亭，外舅荔浦君齋名。濃綠陰陰上畫屏。聽得隔屏看衛玠，狂奴也覺酒桮停。

偷向橋南醉玉鉤，詩中情事說從頭。先生但賞詩篇好，不問何因到酒樓。偕莊、叔枚、洪孟慈讀書小山堂，頗私出買醉。醉後忘之，往往作詩自述，徵君不之詰也。

聯吟最苦逢奇句，射覆兼愁考僻書。屈指小山堂上飲，何曾一度得安舒。小山堂，樂閒咎氏所居。徵君師設塾於此，文讌特盛。

酒狂第一莊宮允，亭叔表兄。早向安昌罵座來。辛苦掌經三十載，偏憎人說箸書才。

宰相豪情于定國，錢塘費文恪，時督兩江。經師痛飲鄭康成。徵君師。只除趙式能教醉，

定例梧屑酒面平。緘齋六丈讌客，酒必滿觴，時號趙式。

酒政精嚴蔣穎州，清和一語竟無儔。立菴六丈偶舉首夏二字，下注：兩古人名伯夷、柳下惠同座，仿為之皆不能工。即今三徑餘荒草，不是池塘夢裏秋。八丈玉子通守亦嗜酒好客。

拓戟橫刀徐戶部，焚香洗研李明經。揮殘醉墨三千幅，一客分貽十二屏。惕菴、鹿籽俱好作草書。

舍人風格最蕭森，一尺長髥拂素琴。丞相祠堂百竿竹，劉卣亭舍人貧無住宅，權居先公祠屋，署曰平安吟舫。秋蟬都解學狂吟。舍人喜聽余朗吟，酒閒必舉以為令。

平陽太守醴陵宰，撞破煙樓作酒人。先兵備兄飲酒不多，兄子香傳、星聯並推大戶。此日迎春橋畔路，春陰秋雨最傷神。

東洪稚存編修。西趙味辛司馬。競攀留，兩日河干艤客舟。我亦主人隨作客，不煩寒夜典征裘。

長筵第一卷施閣，盛饌無如寶讓堂。今日令嚴瞋不得，雙攏翠袖坐廚孃。吳次升家庖最精，小不合意即怒，終席數十起。崔禮卿為酒糾，首申此禁，違者大醹。

管絃只在此庭中，各有門基事不同。絕倒憐花狂司馬，一身遮雨又遮風。吾鄉世家例無妓席，唯莊同州讌客時時有之。次升諸君借君園林置酒高會，遂無虛日。

洪厓作健氣如雷，中隱荒園醉百回。吾家中隱園久不修葺，絕無遊人，唯雇存先生頻借宴客。忽見鷺鷥溪畔立，學拳一足過橋來。

正喜藏花窖老將，卷施閣藏花，余嘗連揭劉鎮軍烜十七全盤。鎮軍飲本不多，求代幾徧。又欣射策中巍科。是誰襲取亡秦法，偶語無端受罰多。

百遍燈毬打不休，酒人好勝似尋讎。樽前趙瑟還秦缶，明日看花又共遊。稚存、味辛兩丈。

傷逝年年賦不成，土埋玉樹恨難平。惟應武負同王媼，一一猶能記姓名。謂謝庭蘭、徐馥岑、丁汲華、吳吉、常通九諸君，皆小山堂弟子。

輕詆何曾到善人，次公奇氣自干雲。者番匿笑崔元亮，袖手看他悔過文。叔枚酒狂太甚，禮卿以告，濟南郡夫人罰作飲酒悔過文。

羅敷問罷問清娛，曾否人言夫壻殊。惲子居鬚眉自喜，當時酒閒戲語如此。此日九華山絕頂，果然仙骨稱樓居。歿時自言為九華山神。

多病頻年不滿觴，醉來一語斷人腸。劉郎別有三生恨，曉月傷心又夕陽。芙初。

醉中灑墨不須催，花裏文窗四面開。百疊單綃雙翠袖，一時都向乞書來。_{錢魯}思大兄。

如君真覺醉鄉寬，已醉何須更早餐。牛酒驚傳杜陵死，不妨仍作小眠看。_{錢橫}山三丈。

一官蕉萃到中州，長笛聲中罷倚樓。說與故人知斷飲，依然病緒似前秋。子述。

藉甚狂名孫討逆，相逢雙鬢已如絲。歸來一度三旬醉，寒食年年上冢時。淵如先生寓居白門，每以掃墓歸，留飲匝月。

買醉連宵不待邀，通吳門外酒旗飄。無情最是西來客，依舊鐘魚動海潮。張存樸、黃璞山住東門外天寧寺左側。

楊子詩成二千字，雲山。莊生酒覆三百梧。經饒。他日誌餘徵逸事，樽前記取兩雄才。

邠州莊虛菴表兄。歸已歡場少，不及容齋解組初。更憶寓公消息斷，舞陽豪興近何如。樊鎮軍雄楚客常最久。

平生不識管修父，謂韞山侍御。文度論交及十春。道明。計日蠡河看競渡，清波畫舫定何人。

予告歸來愴夕曛，侍郎元足張吾軍。偏教老葛移家去，不及鄉園共酒樽。劉青垣先生亦無第宅，病歿吳門。陪侍遊宴，則在都門時也。

三絕人傳比鄭虔，登科空記永和年。先教諭兄癸丑進士。驕兒已得卿狂誤，未願孫枝又放顛。兄子伯才嗜酒得疾，馴致不起。

百驛書緣戒飲馳，卅年未見醉如泥。湯雲村弱冠時，最稱大戶。尊甫存方方伯自滇中馳書為戒，終身未嘗沉醉。傷心玉樹枝枝好，不及差肩奉一巵。君歿後，子叔卿、弟之子淳甫、德卿先後舉京兆。

一燈如豆照宸章，崇雅蘭陔兩畫堂。錢氏東西兩宅並在青果巷，東宅曰崇雅堂，仁廟御書；西宅曰蘭陔眉壽堂，純廟御書。那得羊曇不揮淚，十年曾此醉千場。先外舅舞陽君在時，尚有文酒之會。

春光只覺此園偏，錢竹初三丈別居半園，泉石尤勝。研匣香簽事事妍。啜茗坐看人痛飲，主人疑佛客疑仙。

荊川先生讀書處，一樹紫藤開上天。更有宋朝前輩在，皂莢高十餘丈，藤花附其上，相傳襄文外孫孫文介手植。劉退谷給諫宅中藤花則蘇文忠所植也。慣看人啟落成筵。給諫諸子四人，

三為牧令，然宅已易主矣。

龍鍾半體錢霞叔，躉鑠趨朝左杏莊。_{時有旨內召。}聽我挑鐙譚往事，都應有淚一霑裳。

錦囊零落奚奴老，華屋遷移燕子驚。除乞西鄰段成式，詩成為我註分明。

雲溪樓閣八窗扃，天水蒼茫寯酒星。_{時甫得味辛先生之赴。}聚散死生都閱遍，天留一老守元亭。_{趙四丈、味辛先生難弟也，家居最久。}

百身莫贖秦淮海，一字無題張玉田。九月涼風三月雨，鬢絲禪榻又經年。

黃壚續感_{並序}

> 前作《黃壚感舊詩》，靆述里中讌集。客遊日久，情多地邅，殆難追憶。續成十六首，藉以紓平生師友之慟。

滬城煙月最消魂，半似蘇臺半白門。揮手騎鯨人去早，_{味莊兵備。}至今海水接天渾。

未妨兼愛憐鴛燕，亦有閒情賦勺蘭。家世月輪天上住，不教人向鏡中看。_{悼穀人先生也。前二語兼指銕舟上人、春渚徵士。}

經畬堂接靜輝堂，_{並荊溪儲氏宅。}華屋重經愴夕陽。好句值教天子羨，燕泥如雨落空梁。

司馬無官樂有餘，斷橋西畔十年居。明朝上冢須雞黍，_{杏莊尊人墓在葛嶺華秋槎，郡丞歲為設祭。}小飲先裁速客書。

泰孃橋畔草初齊，短簿祠前水拍隄。最是小舟團坐好，鬢絲花朵向人低。_{徐南浦丈當時語。}

吳門三月鶯花夢，蜀道如天去住心。解入愁腸添別淚，桃花潭淺酒杯深。_{悼汪絳人別駕。}

中圭譎諫劉伶婦，小語微商羅隱名。_{樂蓮裳初名宮譜，後易名鈞，已而又欲易名醇。君配瑤仙夫人笑曰：「使君多金，定不如有酒。」君為絕倒，遂不果易。}詞客生天仍半醉，手攀明月上瑤京。_{君嗜酒致疾，以丙子中秋夕歿於邗上。}

轟飲先期閏六更，曉鶯殘月見飛鮯。少陵酒罷無歸處，踏遍新城更舊城。_{胡西廥尚書招飲每至夜半。一夕，借董晉卿歸題衿館署外，巷門已閉，叩安定書院，亦無應者。最後詣張古餘太守，得入。病酒憊甚，僵臥六一堂竟日。}

漫將苛政困循良，小集頻煩舉滿觴。<small>伊墨卿太守觴政頗拙，往往受罰。今日四賢祠畔</small>過，<small>揚州向有三賢祠，祀歐、蘇兩文忠及本朝王文簡。今郡人增祀墨卿，改署四賢祠。</small>恨無杯酒酹斜陽。

詩盦選客精嚴甚，揭曉方知大將非。<small>伍堯時帆學士決科宴客，與者十五人。牓發，皆下第。</small>洪孟慈目為生祭。青峭一峯無恙在，十年清淚漬落衣。<small>先生歿後，公子舍人桂馨旋卒。當時</small>故物，獨石筍巋然，猶在門內。

記得坊名小外廊，<small>楊蓉裳丈邸寓。</small>何劉沈謝夜傳觴。才偏似鬼李長吉，<small>金朗甫庶常。</small>憂竟傷人盛孝章。<small>周籥雲主簿。</small>

十行遺墨憐才過，<small>謂戊辰試卷。</small>獨客華筵歸思遲。<small>孫蘭村師召飲，常無他客。</small>一事負公償不得，寢門慟哭更何時。<small>甲戌入都，謁先生保定，已值彌留之際。同伴促迫，不及訣而行。</small>

潑天濃翠壓征裘，一闉全將嶽色收。<small>泰安署中有堂北向，正對泰山。</small>卻憶馬纓花下飲，慣看殘月下鐘樓。<small>完顏曙垕太守舊宅在鼓樓東街，合歡作花特盛。花下小齋，余及潔士、於丕、申</small>耆、孟慈、曾容、保緒醉眠處也。

真州亦是銷金窟，楊柳櫻桃列作屏。為問撫棺誰一慟，朝雲已葬六如亭。<small>黃仲</small>筍大令歿後，家無一人，僅臧獲數輩護喪歸貴陽。

一事酬君詩一章，東都舊夢最難忘。蠻雲極望如天遠，便是生離也斷腸。<small>陳光</small>雲協鎮，馬平人。

高歌痛飲氣何麤，座上奇才半酒徒。<small>謝蘇潭、秦小峴兩侍郎前官浙中，並折節待士。宋茗香</small>助教、袁陶軒徵士醉後尤頹放，無部民禮。今日一官堪絕倒，漫將故態憶狂奴。

懷高太平澤履

依然牛渚青天月，得共詩仙掛席無。百里春江通別淚，一年病婦仰慈姑。中廚預戒行觴早，<small>公以余不能晚食，宴客輒在午前。</small>上藥頻煩傾籠輸。<small>病中屢餉人葠。</small>公去我留何所戀，漸營鄉夢到蒓鱸。

孫侍郎<small>爾準</small>移鎮閩疆別後卻寄

同巢真見鳳雙飛，<small>時徐侍郎頲亦以視學來此。</small>節帥兼披一品衣。孟博公儀聊復爾，魯連玉貌訝全非。三春花事懷鄉縣，半世萍蹤戀帝畿。多少舊言譚未竟，海天帆影又依稀。

書來多感別情深，故部經年鎮望霖。就熟共欽天子哲，分攜方識故人心。山公

啟事拳拳記，張籍詩篇昔昔吟。此去手操揚激柄，風聲先表舊棠陰。先君子官閩中四縣，歷有惠政，事實略具寧化進士吳君賢湘所課循吏傳。

仿同谷七歌

三千年桃實如斗，不若園蔬適我口。三千匹絹裁一褌，不若晏嬰之裘穩。稱身出門結客三十載，少日論交幾人在。嗚呼一歌兮離緒長，我所思兮在故鄉。

故鄉住少他鄉多，饑來驅人柰爾何。十年遊秦歸不得，正喜得歸還作客。當時期爾黑頭公，此日重逢頭已白。嗚呼二歌兮聲漸悲，君山欲化秋雲飛。

白髮青衫老司馬，十年索米燕臺下。鳳池散直還到家，破屋何如萬閒廈。滂母鸞妻一世稀，通介差我窺其微。嗚呼三歌兮白日迅，故吏紛紛作方鎮。

金壇於六寒凌兢，前年作令今作丞。作令何如作丞樂，稍恨一舟仍未泊。此曹豈容十日臥，徒手聊為萬金博。嗚呼四歌兮歌莫哀，一擲得雉心顏開。

有客有客字文起，其人其文俱足式。頹靡太丘知爾雖不深，甫欲薦賢身已死。昨者宣州一書至，騎驢到官三日矣。嗚呼五歌兮淚滿衿，此客此官摧我心。

孫郎罷官還復官，去冬別我趨長安。一裘新制特相慰，道此足御中途寒。聖恩已許還舊治，十旬不至心憂煩。嗚呼六歌兮歌復泣，羨爾有親年九十。

我來平梁倏忽四易歲，閉戶聊師伯夷隘。從前愛客今畏客，笑我一身兼二蔡。耽詩又復惜肝腎，藉口雕鎪損天籟。嗚呼七歌兮意未終，庭前已有鳴秋蟲。

題悔存齋詩

六月飛霜玉樹傾，江鄉此恨最難平。一篇傳了文人願，時史館列君文苑傳。八品銜題處士塋。可許隨肩徐趙呂，盡容揮手宋元明。佳兒別有千秋業，痛惜挈經半未成。君子乙生研精三禮，又好步引、芝菌、天玉、青囊之說，著書未成而歿。

題伴香閣詩

邗江重見支離叟，社酒空煩舉一卮。早以聰明還造物，略留姓氏在遺詩。修文才恐生天盡，學佛人偏出世遲。春又不來霜未降，幽蘭開謝有誰知。

讀漢書

標榜文人習，攀援宦路多。群兒能自貴，不必莽何羅。

憑何世澤張魯，媿負家聲孔光。餘慶餘殃安在，有人齒冷西方。

眾好頗疑黃叔度，滿村自說蔡中郎。千秋毀譽都關命，枉費蘭臺字數行。

病起懷陳大方海次春初見寄詩韻

祁寒暑雨客思歸，獨立蒼茫天四圍。出世未空身後想，知君豈待貴來稀。兩番別淚猶湆袖，幾日閒庭又曝衣。惆悵疏林多病葉，不曾秋至已分飛。

附陳詩

蜀山攜手悵忘歸，多病年來減帶圍。淺草侵堦官獨冷，凝塵滿座客來稀。一門鄒魯堪名世，萬古雷陳在布衣。起脫綈裘親被我，澡湖風雪蔽天飛。

聞薛廬州將至

杜門漫說閒官好，習惰翻教小病多。慚愧先生三月別，知新溫故兩蹉跎。

王衛輝蘇試畯堂詩題後並寄季學錄芝昌

君歸自武昌，我歸自雒陽。長生巷口初握手，我已龍鍾三十九。君年雖艾氣轉豪，物色蘭苣窮藜蒿。吹香閣外梅千樹，是我與君劇譚處。十年蜚語謗循良，一夕清輝掃煙霧。霜風蕭蕭吹紫荊，急裝過我當北征。太守趨朝何所苦，摧傷似作投荒行。壓柘得漿寒沁骨，索飲恩恩起將別。一口紅霞唾不收，還坐看君語聲咽。龍尾何妨欠一人，蟬編偏使題雙絕。君於拙詩有才情雙絕之譽。短短交期夕照橫，依依夢影春波闊。賸有江郎十卷詩，浮生蹤跡有人知。樽前錢鳳空讒口，市上張成竟暴屍。書生似此差無負，稍恨懸崖輕撒手。聖主知人邁漢唐，諸公特摺君知否。疏雨枯荷就枕難，卷中耆舊漸凋殘。謂船山、惕甫諸君。聊將傷逝平原賦，寄與羊曇掩淚看。

養疴

敢說心情嬾是真，養疴容我寄閒身。謂郡守宋小嵐先生。避風小閣先燒燭，久雨中廚易斷薪。阿買寫詩愁腕脫，官奴攬鏡熨眉矉。君孚久病初起。叮嚀且自留餘暑，未願迎涼便送人。時蔡君昌齡換官武昌，將以秋後上道。

觸事有感

東鄰婦殉夫，十日不食肝腸枯。西鄰父溺女，一口寒泉孃哺汝。悲哉！女子身苦惱有如此。佛乘此時三歎起，轉輪之王佛弟子，男身女身惟所使。汝欲皈依

及未死，東流之水安可止。

月季花歎

我來平梁四易歲，五見烈婦死殉夫。何本善妻董、沈英妻張、孫極妻余、王廣煦妻宋、洪時康妻黃。殺身無過絕粒酷，火灼肺附憔肌膚。貞風所感草木應，移根坐使名花枯。我聞花前身，一一皆仙姝。賜蘭燕姞貴，倚桂長娥孤。灑竹成斑淚不滅，指花為姓梅同軀。條桑例設馬頭祀，誰其妃者秦羅敷。桃花無言實再熟，海棠薄醉嬌難扶。東皇手定九品格，上界頗與人間殊。就中月季逞頑豔，名列下下無能踰。炎風朔雪恣矯飾，自命豈欲祥賨如。妒妾專房擅恩寵，失勢一退他人狙。東西食宿爾何擇，牛女信誓寧非迂。閒庭移植亦偶而，詎比太史攜清娛。何圖發憤著奇節，棄擲恒榦波漂菰。驚春肯學隄畔柳，惜別竟墮樓前珠。此邦正氣萃圭閨，成仁往往能捐軀。擬為作傳續中壘，濡毫欲下重嗟籲。上帝好生人命重，敢復義激兼名驅。朝來感爾意慘愴，似代毅魄徵前誣。論婚何必託王謝，結友慎勿輕屠沽。從來相士戒貌取，媿我耳食徒區區。靈風蕭蕭庭西隅，花魂一縷歸來乎。蘭芝墓道松柏古，送汝引蔓凌雲俱。

避風遣悶

後劇必甚前劇，後差不及前差。除卻吳興瘦沈，十年病緒誰知。

不及立秋三日，已聞蟲語黃昏。最好蕭蕭絡緯，分明歸住江村。

無寐最宜聽雨，閒庭添種芭蕉。記得扁舟睡起，推篷水沒前橋。

鸚鵡一名雪慧，芙蓉小字天然。極望霜華世界，幾多花鳥因緣。

六領郡符司馬，運租船上歸程。宛似當年下第，聽風聽水心情。畫水再以上計入都展觀，後附漕舟南下。

三匝依然繞樹，十旬猶未啟關。為我典衣買藥，此情便抵還丹。單三元藻購書術見寄。

題吳孝廉鴻礜春隄試馬圖

吳生才如渥窪馬，伏櫪十年知者寡。興來別我遊燕臺，春卿白日驅龍媒。忽聞方外憐神駿，別向招提訪支遁。此時芳草碧連天，馬是青驄人綠鬟，未須聳耳聽鳴笳。幸免飛書烙官印，我來讀畫意蹉跎。卻望橫門奈遠何，底用黃金求死骨，一犁春雨驥材多。

七月初十夜大風拔木余所居室正壓其下前窗及東西墙一時並倒不及臥榻者二尺耳全家驚起相顧諮齋失色而聰應所籠絡緯長鳴達曉不覺喟然有萇楚詩人之歎

洛墻東倒又西傾，盡室凌兢有歎聲。羨絕秋蟲閒未覺，依然緢響到天明。

悼柳並寄劉潁州珊

半夜輕舟逐怒潮，推簾全失短長條。再來冷月棲何處，欲報春鶯路太遙。多病心情開闔易，早衰鬢影望秋凋。經風經雨年年事，打疊離魂一度銷。

樗散相期老薜蘿，憐君無夢到靈和。灞橋幸免行人折，栗里惟應酒客過。豈有宮腰矜束素，何曾殿腳學雙蛾。不知底事還遭忌，芳草當門例太苛。

依舊雪山畫晚晴，閒庭一步愴重行。倚欄苦憶張思曼，比屋空懷陸叔明。往事傷心成短劫，孤根澆淚想回生。愁來卻羨桓司馬，猶許攀條慰別情。

漫傳詞筆動江關，一賦先將枯樹刪。無分作琴留爨下，更誰閉戶報春還。塵心多恨思甘露，佛偈如銘葬小蠻。珍重平安數竿竹，莫霑愁雨又成斑。

中秋夕遣悶

秋來惟有月，不減故鄉明。復此聽愁雨，何因遣客情。蟾蜍長匿影，絡緯亦吞聲。早稻行將獲，心祈十日晴。

望遠堪愁絕，蒼茫水拍天。隔城人喚渡，攀樹鳥棲肩。福地叨安宅，廬州五屬，惟合肥水不成災。閒官愧俸錢。夜來茆屋破，差與共顛連。

答鷹巢並序

　　　　上人書來，見稱為天下有心人，讀之慨然。此傅長虞所謂非覆文辭可了。余雖心知之而無如何者也，戲以答其意云爾。

幾輩朱顏能自保，苦留青眼向誰真。我今久已皈依佛，平等看他世上人。

子辨逾約不至詩以遲之

中秋望不至，忽又展重陽。風日已晴好，江湖尚渺茫。潨湖八百里，半為圩田，雨後悉還其舊。半年疏故業，三地感殊鄉。時尊甫徵君客淮，賢兄子穰孝廉客歙。急趁霜螯賤，歡然勸一觴。

得子辨書並示君淑

書至呼徐淑，秦嘉未束裝。嗟予少骨肉，憐汝倦津梁。別自年年惜，頭看日日蒼。歸心如莫挽，書中有來年與君淑同歸之語。作計共還鄉。

獨立

研經漸覺精思減，讀史難消恨事多。卻向小庭成獨立，碧雲黃葉奈愁何。

杏花春雨圖戴春塘先生種杏署齋春來花發為此圖

使君樹木如樹人，春華秋實惟其真。使君愛花如愛士，此杏居然自隗始。煙濛濛，雨冥冥，朱霞三尺飄春庭。春庭無絲亦無竹，絳帷雙啟聞譚經。君不見梅公桃，晏公柳，葉對花當在人口。玉堂天上慰相思，春向濠梁作意遲。更祝公門好桃李，歲寒都作後凋枝。

喜楊大傳棻歸里次見寄韻

望中鄉樹感無端，到此方平宦海瀾。送別早知循吏拙，得歸難報國恩寬。君平、谷容城虧項，並蒙恩赦免。日高罷聽應官鼓，秋好休陳乞巧盤。記得相逢驚夙慧，登科尚未著儒冠。

八輩西清侍從臣，君家自殿撰君以下，官翰詹者八人。隨風偏爾墮輕塵。尚餘矮屋曾攜硯，譬作寒閨未嫁人。賦草看兒搜僻字，謂子濤。賞花邀母讌芳辰。較量出處君應笑，虀臼從今不受辛。

戲答張大令二十五韻

張君四十未有子，我昔憂君逾在己。推排紫白易閨闥，老蚌珠光燭天起。箸雍之歲斗西指，同住都門聖公邸。家書南來呼我看，懸弧在門匝月矣。朋儕賀君兼詫我，我術何神乃其理。君家世德久未酬，樂道安貧越五紀。聖清經學邁漢宋，天毓貞儒慎所使。謂賢兄編修君。微言大義悉昌明，帝旁無人子淵死。憐君子子困公車，健筆摩空亦徒爾。君甲戌試卷，章中堂注「健筆摩空，包埽一切」八字。然竟下弟。行年六十方專城，一道之才試百里。足知餘慶積彌厚，兒生應期麐角峙。五歲已識三千字，倍我新詞粲玉齒。即今十六如我長，私篋有詩連百紙。雙瞳翦水眉紺碧，其貌與君酷相似。君閒弄兒復念友，怪我清齋太自喜。雖無童烏可授《玄〔註1〕》，幸有小同能習禮。君聞我語不謂然，此事於君未應止。昨從東郡

〔註1〕「玄」，底本原作「元」。

寄一方，香草紛披雜蘭芷。當時服者陳中丞，三索得男猶未已。我經滄海類元九，那有清娛侍遷史。故人薛華畫水。送一婢，莫汲晨春健無比。恰逢老沈事亦奇，字以求思吾且俟。循良孝節天所佑，此理固應長可恃。君家仙人手挾彈，天狗驅除祓牀第。明年此日呱呱啼，稽首醫王自隗始。

漕河禱冰詩六十韻為長沙侍郎作

地祇重河嶽，天神尊日星。元公定官禮，較然別幽明。自以人鬼參，始皆有主名。雖然道家言，儒者亦勿爭。伍相實司潮，呼吸驅鯤鯨。左車實司雹，擊撞挾風霆。緬懷周秦始，二者誰所憑。從知玉虛籍，祿秩日以增。亦自有黜陟，亦自有勸懲。苟非論功德，何以任使令。露筋古貞女，守禮何兢兢。鴻毛委恒幹，毅魄登天庭。真宰為改容，位置未可輕。苦分男女相，詎肯皈三乘。謂當隸金母，步虛薄飛瓊。元池亦無壻，青溪亦無兄。諮爾孤潔性，合領長淮清。荒祠久寂寞，落垣半欹傾。寧無守土吏，來往空揚舲。吾師昔轉漕，繡衣辭帝京。道旁讀殘碑，懷古生遙情。激揚諫臣責，此廢吾當興。北風忽怒號，水凍如堅城。濃陰鎮靉靆，肅氣逾崚嶒。三日坐愁歎，望斷欸乃聲。民食厪宵旰，官俸資豐盈。糧舟集畿輔，輸挽有定程。敬爇一瓣香，乞放十日晴。上恃天子聖，懷柔役群靈。下恃感應理，忠信洪濤平。慎毋作神羞，諒此蘋藻誠。通辭未及竟，鈴語空中膺。稍見雲氣展，稍見夕照橫。凌晨啟窗看，一碧春波澄。篙師各歡呼，萬艘張帆行。此時使者心，喜極翻成驚。飛章達九重，待命猶屏營。天子大欣慰，茲神抱清冰。弱女知為國，報功禮則應。迺命葺祠宇，迺命議徽稱。迺命易栗主，迺命題丹楹。煌煌明詔下，恩澤逮杳冥。祠前白蓮花，灼灼含晶瑩。祠後山木枝，枝枝茁菁英。我時艤舴艋，長揖奠綠醽。即事悟顯晦，乘時發光榮。方神赴義初，祇全女德貞。曷嘗冀奕世，長饗黍稷馨。幽輝鬱彌耀，快拓千年扃。非徒屬中圭，峻節知儀型。足使天下士，慷慨占吉徵。師今膺節鉞，喉舌為股肱。群力仰驅策，眾才待權衡。神人感知己，曷判氣與形。秦郵達皖江，咫尺馳雲軿。惟神鑒忠悃，定不分畦町。豈惟頌多男，豈惟祝修齡。為公節暘雨，南畝勤深耕。為公消疵癘，春酒介兒觥。報國以報公，我言神所聽。

憂端

憂端如草那堪刪，轉是身閒意未閒。故里年荒慚宿負，兒曹齒長感慈顏。君淑病後瘦減，甚似先太孺人。殉夫烈婦瘡痕在，從孫君和官直隸，奉檄查災，誤傳落水，其婦楊自劉

幾死。將母孤童病骨屍。_{謂洪公子毅曾。}更憶門前牽犬婢，_{時從孫君澤將嫁女謝氏。}羨人日莫賣珠還。

除日祀賈浪仙因邀諸生祭詩

雪未全消歲已終，樽前光氣亂青紅。閒情慮損陶元亮，_{趙生懿士近多豔體詩。}陪祭兼呼鄭小同。_{聰應亦有詩詞各十數首。}聊借雪泥留指爪，各將才地驗窮通。詩人作佛仍遊戲，為我年年酒一中。

崇百藥齋續集弟三

賦　序　書後　贈序　書　雜記

牽牛花賦

猗閒庭之小草，有籬畔之牽牛。託嘉名於河鼓，舒柔條于勁秋。感匏瓜之久繫，念良會之阻修。奚天漢之可涉，步階墀而夷猶。於時玉露留華，冰輪退駕，翠黛連娟，綠鬟低亞。乍現影於優曇，遽委形於瓜枷。詎朝暉之不接兮，隱幽姿之速化。刻移陰於曲檻兮，悟榮枯之代謝。彼群卉之自炫兮，孰芳華之可貫。倘塵夢之易覺兮，佇星辰於今夜。

亂曰：涼風兮吹衣，望靈鵲兮來遲。願引蔓兮湘竹，紛別淚兮帝妃。諒離居兮自古，匪獨處兮在茲。

絡緯賦

伊秋人之無寐兮，紛百感之忉心。有蕭蕭之絡緯兮，答哀響於孤吟。翳片葉而為安兮，奚喧喧而不已。豈宵杼之罔顧兮，迫寒侵於在己。維春鳥之催耕兮，亦中夜之啁啾。諒棲啄之易遂兮，抱盈歉之隱憂。羌物小而志大兮，懼多言之見尤。彼鷹鸇之斂翼兮，方煦嫗而為德。汝既不與蜾蠃以為群兮，宜含貞而守嘿。毋強聒以終宵兮，愴僑居之淒寂。

百衲琴譜序

吾友江陰祝百五丙季，嘗集李玉溪詩句為詞。余從其子長見所鈔本，讀而

工之，殆忘其為集句也。因戲署為《百衲琴譜》云。憶余與丙季定交，在乾隆己酉之歲。丙季兄子常年，二十有七，最長，次張宛鄰，次吳仲甫，次丙季，次莊傳永，次丁若士，次余及余從子劭文。爾時，識疎而志大，挾其一隅之見，幾以為天下士盡於此矣。久之，子常女兒之壻薛畫水來自無錫，宛鄰之兄臯文暨臯文之友惲子居歸自都下，而李申耆、吳仲倫最後至。此十數人者，其所自期待與所相勗勉，豈嘗沾沾求以文辭自見哉？已而仲甫溘逝，畫水、臯文、申耆先後成進士，留官京師，亦卒不顯。子居令浙東，尤見摧抑。其他諸子與余，各謀衣食於四方。於是始有身世寥落、死生離合之感動乎其中，思託於洸洋恣肆、鏗鏘清越之文以自抒其鬱勃慨慷之氣。蓋至余及子常之年，諸子皆憮然，願為文人以自慰於沒世矣。雖然，文之為物，亦頗為造物所矜惜。書冊所載司馬相如、揚雄之徒，下至蘇軾、秦觀輩，或坐致窮困，而王勃、李賀至以夭死，論者遂目為禍人之具。故自臯文、傳永、子居之亡，二三子意思衰颯，或多病。即於文學，亦稍頹矣。嗚呼！豈天之生此數人者，初未嘗措意耶？抑恐其文之成，將抉摘幽隱足以洩天人神鬼妖魅靈怪之秘，而百計以致其澌滅耶？昔者李元賓年不及三十，德業未有成就，而退之銘其墓，乃以為才高乎當世而行出乎古人。自非退之之言足以取信於百世，亦孰從而知元賓者？今世既未見退之其人，無可託以身後。而一時無聊遣日，比於博弈之所為，或反不幸而不與草木同腐，則後世之見知將在乎是。嗚呼！不其可悲也哉？嘉慶庚辰，余司訓合肥。其明年，畫水來守廬州，丙季偕至。敏其從前所謂鬱勃慨慷之作，散佚殆盡，而集句之詞以其子私錄之，故僅存。余頗懟其不自收拾，丙季笑而無言。嗚呼！孰使吾丙季遺棄一切，乃至自比於漢陰河上之倫以終老耶？則雖才高乎當世，行出乎古人，將並世之人有所不能信，而千載而下，復何論耶？因又自恨吾文之不足以傳吾友。而臯文之歿，為造物者有意奪其魁以撓敗之，非偶然也。雖然，以臯文之學之成，誠無憾於命之不延而傳永，表裏純白，確然負入道之資。已奪其年，又斬其嗣，抑又何耶？余既賢長能輯錄父書，益感念先友泫然流涕，聊追昔蹤書之卷端，以訊畫水、丙季，其亦有相對汍瀾而不能自己者耶？

冶秋館詞序

僕年二十有一，始學為詞，則取鄉先生之詞讀之。迦陵、彈指，世所稱學蘇、辛者也。程村、蓉渡，世所稱學秦、柳者也。已而讀蘇、辛之詞，則殊不

然。已而讀秦、柳之詞，又殊不然。心疑之，以質先友張皋文。皋文曰：「善哉！子之疑也。雖然，詞故無所為蘇、辛、秦、柳也。自分蘇、辛、秦、柳為界，而詞乃衰。且子學詩之日久矣，唐之詩人，四傑為一家，元、白為一家，張、王為一家，此氣格之偶相似者也。家始大於高、岑，而高、岑不相似；益大於李、杜，而李、杜不相似。子亦務求其意而已矣。許氏云：『意內而言外謂之詞。』凡文辭皆然，而詞尤有然者。」僕乃益取溫庭筠、韋莊以至王沂孫、張炎數十家讀之，微窺其所以不能已於言之故。而同時又有皋文之弟宛鄰及左杏莊、惲子居、錢季重、李申耆、丁若士、家劼文相與引申張氏之說，於是盡發溫庭筠、韋莊、王沂孫、張炎之覆。而金、元以來俚詞淫詞叫躑蕩佚之習一洗空之，吾鄉之詞始彬彬盛矣。自是二十餘年，周伯恬、魏曾容、蔣小松、董晉卿、周保緒、趙樹珊、錢申甫、楊劼起、董子詵、董方立、管樹荃、方彥聞又十數輩皆溺苦為之，其指益深遠，而言亦益文，駸駸乎駕張氏而上。而倡之者，則張氏一人之力也。

　　僕既好持張氏之說以繩天下之詞，鮮所當意。初見上元韓君亦山作，心亦弗善也，而屢攻其短，亦山不為忤。久之，過余曰：「曩子所攻，悉去之矣。子視吾近日之作何如？」此在亦山可謂捨己從善矣。不知僕固非能詞者，凡論詞皆因張氏，其去勦說雷同幾何？雖然，吾聞入道之器，厥有二端：一曰信道篤，一曰改過勇。二者固皆主乎因，而不主乎創者也。然則吾與亦山方將相勉以求仁徙義之大，而又何文辭之末之足云也哉？既別去，稍次先後往復之語，書其冊歸之。

孟塗後集附錄序

　　《劉君孟塗詩前集》十卷，南城公為之刊版粵中。又十年，而後集編成，不翅倍之，可謂勤矣。然人徒驚其詩之富，或未知其存詩之嚴也。余嘗叩以贈某人賦某物詩皆安在，則已汰之矣。余意惜之，因勸孟塗別編後集附錄以存其不甚自憙之作。昔桓譚有言：「凡人忽近而貴遠。」吾見好事儒者於古人之文，既校訂其全集，又求其孤章斷句，甚者牽率附會，曲為之說，以存其一言半辭，而不知彼其人自定之初，固皆簡之又簡，以蘄盡善，而曾無買菜求益之見者也。他日者，孟塗往矣，後之人讀其遺書，惟恐其易盡。一旦復得其附錄之本，必益誇詫以為秘籍，有借鈔而靳不肯出者。人情往往然也。然則士之絀信貴賤，固非並世所得而論定者哉！

長洲程君詩序

江以南文學之盛，吳門蓋居其半。余最初識蔣氏兄弟，以次獲交於董、吳、彭、沈諸君。當其時，不知合併之難也。自來合肥獨居，深念諸君子決無有舍其湖山朋舊之樂，千里溯江而來者，於是淒然有離索之感。一日得程君赤霞於蕭寥岑寂之中，即其人錄錄無所短長，猶將日與遊處以寄其悲思，而況賢而工詩、與所習諸君子相上下者哉！人之嗜好不能共喻。夫文之於學，直豐林之一株，而詩之於文，又喬柯之片葉耳。然而自古魁偉閎達之士，有濡首溺志、終其身為之而不厭者矣，豈皆以遇之窮而藉以抒其湮菀之氣耶？彼陳思、昭明，身為天子之弟若子，則又何所不可好而盡心於此，如是其專且勤也。

道光元年，詔開恩科，鄉曲之儒無不勤習所業，以求一當。而赤霞方自改定其詩。七月既望，猶未有行意。同人促廼之，乃以稿本留置余所，請為之序。塗次又作書申言之。吾既喜赤霞之來，足以慰我岑寂，而又怪赤霞之嗜好僻異，恐詩能窮人之說或將於君驗之也。聊書卷中，俟其返而規之。

七家文鈔序

嘗論賢人君子，其才分各有所優絀。而或挾一端以自引重，則荒江老屋之閒，有薄卿相而不為者矣。夫文之為道，非所云一端者耶？然而廬陵、眉山、南豐、新安而後，歷金、元明、之久，廑得震川、荊川、遵巖三家。欲求一人而四之，雖劉、王、兩文成，或且退然，未敢自信，況其他哉！

我朝自望溪方氏別裁諸偽體，一傳為劉海峯，再傳為姚惜抱。桐城一大縣耳，而有三君子接踵輝映其閒，可謂盛矣。然世之沉溺於偽體者，固未嘗一日而息。朱梅厓所處僻遠，彭秋士年少，心孤口眾，徒能自守而已。有志之士所為嘅息也。

吾常自荊川之歿，此道中絕。後有作者，復趨於岐塗，以要一時之譽。乾隆閒，錢伯坰魯思親受業於海峯之門，時時誦其師說於其友惲子居、張皋文二子者，始盡棄其考據駢儷之學，專志以治古文。蓋皋文研精經傳，其學從源而及流；子居泛濫百家之言，其學由博而反約。二子之致力不同，而其文之澄然而清，秩然而有序，則由望溪而上，求之震川、荊川、遵巖，又上而求之廬陵、眉山、南豐、新安，如一轍也。夫君子之於學也，期與一世共明之，而非以為名也。非以為名，則自為之與他人為之無以異也。以二子之才與識而治古文，實自魯思發之。君子以為魯思之於文也，賢於其自為也。嗟乎！魯思、惜抱以

老壽終，而子居、皋文齒猶未也。乃皆不幸溘逝，遺書雖盛行於世，學者猶未能傾心宗仰。每與薛玉堂畫水言之，相顧浩歎。畫水因出其向所點定二子之文，又吳德旋仲倫所選梅厓、秋士文各十餘篇，益以桐城三集，以命繼輅，俾擇其尤雅者都為一編，目曰《七家文鈔》，聊以便兩家子弟誦習云爾，非謂文之止於七家與七家之文之盡於是編也。異時有志之士，效法而興起者日益眾。皇朝之文將如班固所稱「炳焉與三代同風」，則雖以此書為乘韋之先，吾知七君子者必欣然樂之，不以為忤也。

徐壽伯詩序

昔人有言：「一行作吏，此事遂廢。」此非獨吏之自言也。彼未嘗為吏者，亦且見為誠然而莫之非也。則試以江北之吏言之。其以循良自表見而余獲與交者三人焉，曰李申耆、查伯葵、劉介純之三君子者，於縣無廢事，而詩亦日益工且多，則何也？論者又曰此其人之才之為之也。其才嘗余於事，故得以餘力為詩。斯言也，於仕優則學之說差近焉。然吾猶以為淺之乎言詩也。今夫欲工其詩者，必先自治其性情。夫人而知之也，吏可不自治其性情乎？吏不自治其性情其才者，必以擊斷健酷為之，而庸者遂至於闒冗闒鄙而與民相離齬。故當今之時，不求循吏則已。苟求循吏，則必於詩人求之矣。何者？治性與情之道，未有徑於詩者也。

及門徐漢蒼壽伯，合肥之能詩者也。會舉孝廉方正科，將引見於天子而試為吏，於是與壽伯友善者咸戒壽伯學趨走應對，讀律，習會計，以待用，而勿復為詩。嗟乎！此數者何必非吏所當習？然皆吏之末節也。吏之本，性情而已。有芬芳悱惻之性情，而後有愷悌慈祥之治行。理之自然，不可強也。抑生將闒冗闒鄙以為之耶？學趨走應對，習會計足矣，無所事律，而況於詩。若自以科目之異於眾，而薄西漢酷吏為不足法，必且優柔厭飫，使民歡欣鼓舞。曰遷善改過而不自知，而後於吏職為稱，則非律之所可恃矣。《論語》云：「誦詩三百，授之以政。」聖人之言，顧不足信乎？生其益求工其詩焉可也。

史半樓詩序

往余讀莊周、列禦寇之書，怪其言曠然無垠。既以天地為逆旅，古今如旦莫，而又汲汲焉箸書，若惟恐意之不盡於言，言之不極於文者，何邪？後讀《史記》，則又明言罪廢之餘，懼文采之不克自見。其論虞卿，至以窮愁箸書為可幸。因而益推之長沮、桀溺、接輿之倫，彼雖有激而逃，深自匿晦，猶冀一言

之得通於聖人，藉以有聞於後世。而丈人、荷蓧，名不可得而知，乃出於不幸，而非其處心積慮蘄至於是而後快也。且夫人與人相接，而後有聚處之樂，有聚處之樂則必有離別之悲，有離別之悲則必有箋疏之往復，以接其闊絕而通其怵惕。又況我之於我，一旦將委棄於亡何有之鄉，離別之悲莫悲於此矣。孔子曰：「君子疾沒世而名不稱。」他日負手曳杖，呼子貢而告之以夢，其情一往而深長，而富貴豢養之徒反能恝然於恆幹，一任其草萎木腐而不之惜，吾且孰為賢乎？然則莊周、列禦寇之矯言之者，乃其悲之不可制而諱言之者也。合肥史臺懋半樓有高世之識，自其弱冠時，即不習進士業。今六十餘矣，飢寒之不恤，而寢興食息，壹志並力以為詩。其詩或偶得一二語，曉夕吟諷，遲至數月而後成之。蓋孟郊、賈島之流，詩人之獨行者也。一日，懷其手錄之本視余而求為之序，且曰：「吾老矣，恐他人刪定吾詩，不若吾自知之審也。」嗟乎！以半樓之泊然無所嗜好，而獨拳拳於區區之一編，是余所論莊周、列禦寇又得於並世之人而一徵其說也。君雖老，尚益出其胸中之所藏，以與後世相見乎後世。讀君詩者，宜將有感於余言。

盛子履詩序

余觀近人別集，頗以序為重，而交遊之眾多者，乃至五六人為之。惟桐城姚刑部《惜抱軒集》，獨無一序。夫以刑部之虛懷取善，豈謂並世之人無足為吾之序者而寧缺之邪？抑自以文恉幽隱，未易喻之他人而姑有所待邪？君子引而不發，躍如也。後之人讀吾之文，而知之，而好之，而漠然置之，則皆非吾所與知者，而奚以序為邪？

往者惲子居為瑞金令，瑞金有詩人謝枝崙者，性好與人忤。其詩為一縣人所非笑，獨嘗寓書質之子居。子居先視其序，序甚蕪穢，遂擲去。已復於亂書中得之，辭意古澀。讀至盡，急造訪其居，而謝君已先一日死。子居悔恨，時時為朋輩言之以自訟。然則序之佳惡，宜亦君子之所慎擇者邪？且序者，序明此書之恉也。文學如子夏，親受業於孔子，而序其本朝之詩，其為知之之審，無惑矣。然而「《關雎》，后妃之德」，治世之音猶不能無異說。等而下之，鄭、衛之風謠，信皆懷忠感遇、思賢憤俗之所為作邪？《雞鳴》、《草露》，信為蕩子佚女期會之時與地邪？蓋至今未有定論也。嗟乎！《三百篇》，聖人所手訂，學者尊而目之曰經，童而習之，老死而無所適從，又況儕輩之所為，猝焉而求之，漫焉而應之，不幸而值豪情盛氣如子居其人，幾何不相遭於一擲也。

吾友盛大士子履，負詩名垂二十年，凡其所作刻而行於世久矣。一日以書索序於余，未報。又一再促之，因念子履平生故人同門同歲、祿位聲譽昭然在人耳目者，不可一二數，而子履不之索，何邪？豈以余為能發明子履之詩之恉邪？余於童而習之之經且未能決然守一師之說，而顧能論定子履之詩邪？昔顧亭林深譏好為人序，余心善其言而不能從。違心徇人之作不勝其多，而於子履若有所靳。子履或反聞而喜之，以為不言之言乃深於言者，此則子履之重失，而非余之咎焉已。

淝水蘭言錄序

陸子司訓合肥選其弟子員之詩，都為一帙，目之曰《淝水蘭言錄》，而序之曰：士有捨一切可以致富貴之具不為，而獨為其所好者；有一切致富貴之具固嘗為之倦而息，獨為其所好不厭者；亦有非所甚好，誠樂乎其名而為之者。夫樂乎其名而為之，則必有人焉，導之以至於好之篤，而後其人之成之也，與生而好者無以異。今夫樗蒲博弈之戲，廢事而失時，夫人知其不當好也。有人焉，日夜誘致之不已，嘗試為之，其後陷溺而不知返，有甚於生而好者矣。何者？性移於所已習，而快意溢於始願也。

合肥自龔端毅、李文定以詩名天下，既歿，而詩人之生綿綿延延，不絕於代。嘉慶閒，左中丞輔、陳司馬斌、劉太守珊相繼以詩人宰縣。此三君子者，固皆以己之好之而導人之好之者也。而余之來，適乘其後。蓋嘗論之，唐之文莫賢於韓愈氏，此後世之言也。若並世之人，則皆駭怪而非笑之。以公之天縱於文，豈復為流俗所搖動，然已不勝獨行無徒之感。下此心孤氣沮，為之不竟，以至於泯沒而無傳者，殆不知凡幾也。今則不然。一篇之成，一韻之叶，小稱意必小稱之，大稱意必大稱之。因而知交傳誦，鄰里詫觀，大足以悅親，小足以娛友，精足以修治其性情，麤足以發抒其意氣，鍾鼎無以飫其旨甘，軒冕無以耀其膏澤，此非所謂快意溢於始願者邪？而有不溺心壹志以為之者邪？為之而底於成，豈有異於生而好之者邪？余僑居於此四年矣，所識詩人殆遍。有雖列弟子員，余答以儕輩之稱者；有初與為友，後以薦舉特科，故得以一日之長臨之者；有及門受業者。凡若干人。詩若干首。其齒長於余，又不隸學官籍，詩雖工，不以列於編余。於是招諸生而告之，曰：諸君之於詩，固生而好之，無藉余之導之者也。雖然，詩之盛，不盛於生而好之者，而盛於導之而好之者。蓋生而好者不多覯，導而好者無終窮也。吾聞豪俊之士，日受千金之贈，不以

動乎中，而流涕於知己之一言。性情之所孚，意氣之所感激，其故不可得而言也。繼自今必有樂乎此而為之者，諸君其慎所導矣。

七人聯句詩記書後

前明成化中，楊循吉君謙官禮部主事，引疾將歸。其友王仁甫古直、徐寬栗夫陳、章一夔王弼存、敬侯直公繩、趙寬栗夫餞之，酒閒聯句，成五言古體詩二十一韻；又互相贈答，成七言絕句二十一首。君謙為文以記。

嘉慶六年七月，姚春木得之都門廠市，以示吳縠人先生、楊蓉裳、張船山，並為之序。今為薛畫水所藏。余以是年五月出都，初未之見。越道光元年，司訓合肥，畫水來守廬州，始出以相示，而縠人先生、蓉裳、船山已先後歸道山矣。夫以子之孤子於世，而區區一編校訂、題跋、收藏之五君子乃皆及接梧酒殷勤之歡，不可謂非幸矣。然余既辱諸君子忘年之雅，而春木齒最少，雖余猶以弟畜之，乃亦杜門逾十年，人事牽率，繼見不可期，又況委其恆幹如三君子者哉！余方善病，如君謙有蒲柳望秋之懼，而畫水年過古直，他日獲展是編，感念存歿，唏噓而流涕者，又將屬之何人耶？彼七人者，其先我而念之矣。

孔氏世譜書後

自孔子至霸十三世，漢封褒成君。霸曾孫均改封褒成侯。按《漢書》：元始元年，封均孫損，改封褒亭侯。永元四年，損曾孫羨魏封宗聖侯。黃初三年。羨子震晉封奉聖亭侯。震來孫乘，元魏封崇聖大夫。延興三年，乘子靈珍改封崇聖侯。史作珍，太和十九年。靈珍曾孫長孫，北齊封恭聖侯。此下應記周武帝改封鄒國公，而譜不載。長孫子嗣悊，隋封紹聖侯。嗣悊子德倫，唐封褒聖侯。貞觀十一年。德倫孫璲之改封文宣公。開元二十七年。璲之九世孫宜，宋封衍聖公。史言太平興國二年，宜嗣文宣公。至和二年，以祖諡不可為爵，詔封宗願為衍聖公。與譜不合。宜曾孫若蒙，隨高宗南渡，居衢州，襲封衍聖公者四世。而若蒙弟若愚，留守祠墓。至若愚曾孫拂，元封衍聖公。旋以非嫡嗣，罷封。拂曾孫浣，復封魯郡侯。浣子思晦，復封衍聖公。自思晦至今二十世，慶鎔於孔子為七十三世，並封衍聖公。於虖！司馬遷可謂智足以知聖人矣。當漢武之時，世主之尊顯孔氏未至也，即惡知君子之澤之將與天地相終始乎？而遷決然列之世家。至趙宋有天下，膺上公之爵久矣，而王安石反以為疑。智者見於未顯，而愚者昧於已然，相越豈不遠哉？道光元年八月，同官孔君昭焱以世譜見示，輒錄其歷代封爵如右，並書數字於

後而歸之。

玉楸藥解後序

右《玉楸藥解》四卷，萊州黃元御坤載著。坤載負異才，少時志甚盛。會病目，俗醫治之而喪其明，自知為造物所廢。一旦盡棄其經世之學，而學於秦氏淳于氏，著書數十萬言，余所見《素靈微蘊》、《長沙藥解》及此，凡三種。夫藥之有性，原其初，既不能盡知所以測之之故，後之著書者又雜引仙經釋藏、稗官小說、街譚里諺以矜奇炫博無稽之言，與先聖之所手定相亂而不可辨。雖有國工，亦無由盡得之目驗，以關一世悠悠之口。然則長沙之所未經用者，其性益難言矣。抑吾聞聖人之作《易》也，以陽為體，以動為周，後儒不察，誤以為用陽而體陰，用動而體靜。醫者習聞而信之，滋陰之說由此起矣。嗟乎！生人之疾未有不由於陰盛陽衰者也。衰而至於盡，則死矣。死而寅，然之質具在也，是得謂之體乎？請言五藏。土之生金也，五行之序也。木之生獨非土乎？雖然，一日暴之，十日寒之，未有能生者也。故土者，萬物之所自生，而火又土之所自生也，火自有體，而非以薪為體也；腎者，受諸藏之精而藏之者也，水之器也，水自有體而非以器為體也。君子甚愛氣而遊於房，無令滲漏而已，非以水之虧盈為器得而主之也，故腎無有補法也。心氣盛則土厚而膏生，中樞運則金潤而木茂，四藏各率其職以輸精於腎，腎之所藏，充溢至足，蒸然上交於心，而疾之生焉者寡矣。滋陰之藥必先損脾，脾土既菀，木乘其敝，不得不求助於心。心不勝其求，則將離而上縱，為欬，為喘，為多暈眩，為歐血，清之則速滅其熖，溫之則益助其熾，雖有扁、倉，亦無如之何矣。黃氏之書，世不盡傳。然觀其論藥，進蒼術益智而黜地黃，則扶陽抑陰之怡昭然可推而知矣。余感其殘廢之餘，不改利物濟人之志，為序其後，以諗學《易》之君子。彼俗醫承訛襲謬，溺惑既深，殆未可以口舌爭也。且扶陽之過，禍小而變速；滋陰之過，禍大而變遲。自古陰柔之小人亡人家國，如張禹、胡廣之徒，微獨己不任咎，即受其害者，亦豈易覺悟哉！

送錢巨源序

盧州故通都大邑，自余之來，終日杜門，乃如深林窮谷。隙地半畝，春夏蒔花，秋冬種菜，聊以自勤。蓋為此寂寂者，四年於茲矣。前年從孫君澤、申佑、沅蔽先後來省，留數月輒去。去年，毓茲來留稍久。而錢君巨源繼至，自二月至於十月，每簫鐙夜譚，鄉音謔笑，一室欣然，忘其身之在客也。錢氏世

有顯秩，而家不贏。先外舅官河南數縣，其歿也，外姑僦宅以居，不能致名師教子，而巨源與弟丹叔並力學，以文行有聲。已而丹叔病廢，巨源為蜀遊，無所遇歸，益貧。過視其女兄，意恬然也。莊生云：「逃空虛者，聞人足音而喜。」況其親而賢者邪！巨源之來，何暮也！夫仕非為榮利也。苟教澤可及於民，而祿足以周其宗鄰，君子常久而安之。今校官與弟子員不識面者十之五六，俸祿所入，裁給妻子蔬布之需，而懷人送別之感，又時時摧傷其懷抱。雖使曠達豪邁之士處之，鮮不仰屋而歎者，此豈有所歆羨慕悅而然邪？自余始來，刺促殆不可終日。吾友查梅史教以十年為期，而後身心以寧然。每聞故舊子弟生計窮蹙，蒼黃謀衣食於四方，不能致力於學，因而天枉其材器者且眾，則竟日咄咄，恨無以收恤而成就之。而區區蔬布溫飽之資，即又不免於《伐檀》詩人之誚，豈非進退失據於義，兩無處焉者邪？巨源既負過人之才，又家風淹雅，賜籍具存，余能供其事育之求，俾益竟所學成就，何可意量。若乃喜其來，惜其去，此鄉里聚散之常，而麈以施之親且賢者。嗟乎！巨源為可悲也。巨源留此九閱月，知余無可為計。有舅女之壻周君官湖北知府，遂往依之。瀕行，索贈言為別。夫贈巨源則無過力學之一言矣，而巨源方有所不暇，念終無可塞其意，姑以余之慚負於巨源者述之篇，亦使周君見之，知舍親而就疏，非巨源始願之所出也。

答某公書

　　來書援宋儒之指責某生以自取，某生無可復辨。雖然，責人之言不以其人之無可辨，而即為定論也。昔者，曾子之母方織，而有來言曾子殺人者，母驚投其杼，下機而走。已而知其誤，歡然而歸。固已如浮雲之過太空矣。乃仲、冉、游、夏之徒，聞而造於曾子曰：「日者有妄人之言至，驚母氏之起居，且幸無恙。雖然，吾子誠未殺人，殺人誠非吾子。」竊意吾子居恆，必嘗有恩怨報復之念起滅於隱微之中，與夫強悍狠戾之色閒流露於不自知，而後氣機之感召，有以致此也。不然，流言之來，曷不於他人而於吾子也？嗟乎！物自蠹而蟲生，斯言豈不彰彰有理哉？且人之言曾子殺人也，特誤聞之而誤傳之耳，非有怨毒於曾氏而欲傾陷之也，而曾子已無由自明其曾無殺人之一念，又況讒言忌口，朋比造作，必求致之，無可解免之地而後已者乎！夫史冊所載奇謗冤獄，累世有之，皆明公所熟聞，僕特設為諧語以質之左右，幸更身處而稔思之。若以某生無可置辨，遂自許為定論，則三代已下信無完人矣。

上孫撫部書

平叔先生執事：承論將以來年開局，纂輯省志，江北分設布政司使已歷三朝，而專志未成，此誠事之必當行者，遲之又久，天其或者有待於執事邪？竊嘗論之，作志之要約有三端：曰地圖，曰地事，曰地俗。《〈周禮・土訓〉注》：說九州形勢山川所宜，告王以施其事。若云荊揚地宜稻，幽并地宜麻，其言至為詳備，而後儒議其未盡，非也。九州形勢即所謂形勝阨要邊腹衝僻之類，地圖是也。山川所宜，第舉民食之大，而東南之竹箭、西北之琅玕可推而知，地事是也。至如湍水人輕，遲水人重，幽燕沈勁，吳楚剽疾，此乃誦訓所掌，地俗是也。三者具，而靈徵沿革之志、職官選舉之表、戶口會計之簿，皆其易為者矣。夫辭章、考據，時有屈信。圖志之作，事無偏重。然或詳考大庭之庫而意忽於二陵，雅工麗藻之篇而文絭於序事，揆之體要，厥失維均。甚至採撮亡書，不言引自何籍。既樂簡率，亦便改竄。偶一繙閱，殆成通病。如《武功縣志》，世稱馬、班復生，寥寥七篇，紕繆不可悉數。執事暨雲汀方伯，並以經術起家，又久在史館，克備三長。對山浮薄之才，何足為鑒。然繼輅之愚，以為創始難，大賢為之尤難。蓋創始則後之所因，大賢則責之者備，其道惟在得人而已。若持尺一之書，即與操筆之列，人多見雜，徒事喧爭。為總纂者，任勞則易，任怨則難。遷就依違，勢所必至。方今瓌辭樸學，若李申耆、丁若士、莊卿山、宋虞廷、沈文起、董晉卿、方彥聞、吳山子、周伯恬、顧蘭崖、張彥惟及繼輅兄子耀遹十數輩，以兩大賢為之主，隆其禮幣，度無不欣然就道，如石潛川之於河陽軍節度者。而又各任所長，毋似《新唐書》之易置。則此書之成，必能上合《周官》二訓詔王之恉，而下厭海內先覩為快之心。遲久有待之說，繼輅豈苟為諛辭以取悅執事哉？伏惟執事延攬名才，驅策群力，以人事君之事方興未艾，而小用之而小效，輯志亦居其一矣。繼輅辱二十年相知之雅，不敢以位卑言高為戒，冒瀆尊嚴。臨封惶悚。

與吳仲倫書

仲倫尊兄足下：寒夜讀文集十卷竟，嚼冰咽雪，未足為喻。私心論之，以為徹札之勇不如子居，而經營之跡盡泯；繞梁之韻不如姬傳，而渣滓之積已化。此由足下逸情高致超軼塵濁，故文格肖其為人，殆非學力之所可及也。論文諸篇，俱有精鑒，然亦有似是而實非者。姬傳續出之文，頗有違心徇人之作，而序惕甫集為尤甚。足下服姬傳過當，知其言之失，而將蒙不知文之誚也。曲為

護前之說，以為反言譏之。〔註1〕夫君子之於文也，惡有所謂反言者哉？昔孔子之美，顏子蓋嘗反言之矣。旋自解之曰：於吾言無不悅其戒；端木子亦嘗反言之矣，即正告之曰：夫我則不暇。使孔子當時遂反言之，至今讀《論語》者且未能灼然知不違之非愚，又安能知方人之為無益哉？故君子之於言無所苟也。姬傳之譽惕甫為不知文邪？吾知其非也。為知之而姑以諛辭厭其請邪？後世誤信其言，雖曰取惕甫之文而讀之，而師之，其咎亦止於破壞文律而已也。自足下之論出，而操觚之士諂事顯達，恣為面欺，理絀辭窮，則皆有以自解，曰吾固反言以譏之，如姚姬傳之於王惕甫云爾。而姬傳又素所稱剛且介者，則其流弊復何可救正乎？夫古今之文，辭恉幽隱莫過於《史記》。然微而顯，曲而有直體。《封禪》、《平準》諸書具在，百世之下，無不曉然於神仙之不可求，貨利之不可黷。彼於國家之事，猜雄之主臨之在上，猶不忍反言以誤後世。今於朋友之親，文字商榷之細，何所顧忌，何所畏葸，而為是反言也？既反言之矣，而又曰我譏之也。君子立言，合乎此則距乎彼，安有依違遷就於孟子、韓子、楊、墨、佛、老之閒以取容悅者乎？何其心勞於作偽也！向者皋文之論文也，以足下與洋溟相提並論，然其言進退予奪，昭昭可辨。子居論文，以足下與惕甫相提並論，即不免小徇淩滄之意，繼輅嘗讀之而不能平。繼輅於足下及惕甫、洋溟皆有平生之故，何所厚薄於其閒，而獨為足下爭名哉？誠懼後世作者無所適從，而文律紊亂而不可治也。今足下欲正惕甫之文，又欲文姬傳之過，將以一言兩利而俱存之，蓋未之深思也。且足下引韓子之文為証，則又不然。

〔註1〕吳德旋，字仲倫。《清代詩文集彙編》第486冊收錄其《初月樓文鈔》10卷、《初月樓文續鈔》8卷、《初月樓詩鈔》4卷、《初月樓續詩鈔》3卷。此信乃針對吳德旋《書王惕甫文集》而發。文見《初月樓文鈔》卷一（第11頁），錄如下：

唐穆宗時以工部尚書鄭權為嶺南節度，使卿大夫相率為詩送之。韓退之作序，言「權功德可稱道家。家屬百人，無數畝之宅，僦屋以居，可謂貴而能貧，為仁者不富之效。」《舊唐書·權傳》云：「權在京師，以家人數多，奉入不足，求為鎮，有中人之助。南海多珍貨，權頗積聚以遺之，大為朝士所嗤。」宋景盧謂權乃貪邪之人，而退之以為仁者，何耶？予以為退之與權同朝，必能窺其隱，而故為此言以諷之耳。退之稱樊紹述文為文從字順。今紹述之文傳於世者極艱澀不可讀。或疑紹述文從字順之作皆已亡逸，是大不然。當時文士固有學奇於韓愈，學澀於樊宗師之說，則知退之列12之故為反言以譏之者，失也。近姚刑部《惜抱軒文集》中有《與王惕甫書》，云：「文章之境，莫佳於平淡。措語遣意，有若自然生成者。此熙甫所以為文家之正傳，而先生真為得其傳矣。」或者疑其言之過當。予謂惕甫文未嘗無佳者，而與熙甫無一毫似。刑部之言，用意與退之稱樊紹述者略相類，後人觀惕甫文則自知之矣。

樊紹述文表牋狀策以至器物雜銘都六百十一篇之多，度其文有故為囏澀者，有文從字順者，韓子恐後世好奇之士或誤取之也，故極言其所長而置所短不論，此其微意也。至所傳之一篇，反在乎所短，則紹述之不幸也。韓子曷嘗反言之哉？其《贈盧仝》曰「獨抱遺經究終始」，其《簡陳京》〔註2〕曰「怒其來之不繼」。夫束三傳不觀，將何塗之從以求經意？於其暫來猶情不相接，豈復怨其來之疎？此皆反言之而自見者也。紹述墓誌何所示意而知其反言邪？使彼並此一篇之文不傳於世，即反言正言孰從而辨之邪？足下乃謂姬傳之意，讀惕甫文者自當知之。姬傳何由知惕甫之文之必為後人所見而俟其自悟邪？如不幸而不傳，其虛譽固已在天壤矣。繼輅觀惕甫他作，自有不能泯滅者，不必斷斷於古文之一塗，挾姬傳以自取重。姬傳既已違心徇人，亦不足深咎。惟足下此論，阿諛逢合之徒將恃以為口實，故特辨之如此。恃足下厚愛言之太過，亦不復塗改。倘蒙採聽，將繙然去其故譚而益慎其新箸，俾得附於門徒校勘之役，幸甚。

與徐季雅書

季雅仁兄足下：書至，知喪舟於仲冬廿八日渡江，而繼輅得書在嘉平之二日。紀綱仍還太平，故不時蕭復瞻望，悲悁如何可言。閣部尊兄銘幽之文，京朝大官濡筆以俟者且眾，而足下慎選及於繼輅，此豈無所見而然邪？繼輅於閣部為故人，為同歲，為屬吏，義不當辭。矧閣部以通經擢上弟，遂歷通顯，足以勸樸學而伸士氣，尤吾文所託以增重者邪？向者長洲尚書之葬也，彭績秋士為之銘；大庾相國之葬也，惲敬子居為之銘。以二公之德位，所託以身後者乃出於布衣下吏之手，繼輅每讀其文，未嘗不歎兩家公子之孝其親，為流俗思慮所不及也。自秋士、子居之亡，才儁之士深通古文義法者屈指可數，而足下實其一。意中所欲得之文，豈即繼輅所能造之境？是以承命之下，不自知媿懼之交集也。齊梁碑碣，陳陳相因，內行閔、曾，勳名周、召，譬之畫像，有衣冠而無面目。韓愈氏作，始各肖其為人，所謂「起八代之衰」者此也。以閣部操行之無疵，受任之逾等，按年而書之，累數千百言不足以盡。愚以為皆可略，但大明為學之宗恉。而睿廟知人之哲、今上眷念舊學之隆，百世而下，亦曉然共喻。家修之士益以稽古之榮相勗勉，而命數之說不得參焉。斯為有用之文矣。足下如以為然，可出閣部平生譔述，無論已成未成，錄目見寄，一聽繼輅之所

〔註2〕韓愈《昌黎先生文集》卷十七《與陳給事書》。

為。繼輅雖不敢遽自儕於秋士、子居，固將竭其愚心，以副足下選擇之意，而報閣部二十年相知之雅，此亦當仁不讓之一端也。至卑賤之說，非足下之為見，故不復陳謝，惟垂鑒不宣。

記蜂

有蜂營巢於窗櫺，去主人讀書之座不及三尺，饋食者以告，且曰：「急去之，是能螫主人。」曰：「否。汝觀其巢，如蓮房之初茁於苞，蓋已數日之役矣，而曾不余螫，乃今將實汝之言而改其度耶？吾固不毀其巢，而彼安所用其怒耶？汝休矣。」饋食者怏怏去，主人每日締視之，其營巢甚勤，一往一返，一緯一經，終日不得息，踰月而巢成。今而後，喜可知矣。主人曰：「唏！此危機也，吾與爾兩失之。於是呼蜂使前，吾與爾言。爾之有毒，非爾所欲。天畀爾性，非爾之病。雖然，以爾之偶不吾螫，而吾且以為德之化耶？以吾之偶不爾逐，而爾且以為悖之福耶？賦形者，氣耶？罰惡者，帝耶？爾自挾其毒而禁人之去其害耶？吾之為禍猶小，而爾之殃不已大耶？」吾言未畢，蜂歸於房。質明視之，虛無所藏。唏！其行矣。乃作歌而送之，歌曰：蜂之來兮，我無爾虞。蜂之去兮，爾非我驅。願終去爾螫人之具，以全爾之軀兮。

記夢

道光三年十一月十七夜，夢少鶴過訪，知其死也，執手而哭。哭已，少鶴出遺疏相示，有「臣患怔忡，病中見鳥飛花落，輒心悸欲絕，而雷霆起於座隅，反不驚怖」云云。覺而思之，不解所謂。余以嘉慶四年識少鶴於虞廷許，年皆二十有八。其明年，余舉於鄉，虞廷舉京兆，而少鶴充副榜貢生。又五年，少鶴進士及弟。又十二年，侍學上書房。又五年，以內閣學士督安徽學政。又一年，卒。夫賤而生，貴而死，人之情果孰為愈乎？抑死者不可復生，而生者終至於死，初無所為同異乎？君子處世，善善而惡惡。其為學，定是非，察誠偽，昭然如黑白之不可亂。及其夢也，迷悶恍惚，不可思議。夫夢，未至於死而已。大變其旦晝之清明，則所謂不可亂者皆其暫焉而不足較者乎？耳之於聽一也，或聞螘行如牛鬪，或不知雷而抱子於堂，則將窒其聰以遊於希夷之鄉，而耳目之官舉可廢乎？嗚呼！莊生之說自此起矣。

記丹壑私印

有以竹君藏研求鬻者，故長生無極瓦當也。索值四金，余不能償，遂攜去。漢

瓦誠可寶貴，而余轉以朱學士，故尤惜之。已而，聰應買得青田石印一，持以視余，文曰：丹壑圖書。丹壑者，李君孚青，康熙十八年進士，改庶吉士，官編修數年。文定薨，即不仕。好為詩，有《野香亭》、《盤隱山樵》二集。集經漁洋山人點定，顧不甚工。獨其人超侁出塵，宰相之子，蓋未嘗有也。因戒聰應藏之。吾家舊藏一盤，溢翠可玩，背有紫色楷書「一德格天閣制」六字。余十二三歲，時初讀《宋史》，屢欲槌碎，太孺人笑禁之。後從儀徵尚書游道場山歸雲菴，菴僧出所藏孫太初以來名人手蹟數十種求題名，中有草書署名，塗抹不可辨視，其印則蓉江也。夫丹壑齷解聲律，以重其人，故遺物已不忍磨治，而檜與文華乃至為童子浮圖氏之所唾棄，豈非好善嫉惡本於性之同然者邪？聰應年十五，丹壑已舉於鄉，科名遲速有無不可知，要使他日見汝私印者，曰此某故物，某孫其本生之父曰某，世其家學者也。謹藏之，斯可矣。區區篆刻之工，豈足拒矗砂大石於百年之後哉？

崇百藥齋續集弟四

銘　贊　書事　墓誌　壙誌　權厝誌　哀辭　行狀　祭文

初學書研銘

初學操管，丹黃雜施。其點畫之拙劣，謂是童子之所為。今裦孫矣，亦無以遠過也。研乎學，猶可及邪？

霹莊聯吟研銘

霹霹鳥，戀故林。硜硜石，稀知音。夫已愚，婦尤甚。

試研銘

長沙傅邪？江都相邪？研不得主，孰為良邪？

嬌女傭書研銘並序

橫艾敦牂之歲，子辨、子濤先後以省覲旋里。凡上官箋啟及朋舊書疏，悉命兌貞代為之。其書端勁腴潤，無閨閣氣。既以此研酬之，復為之銘曰：

一門群從，無一人善書。善書者，乃汝也。雖然，不為雕琢曼辭，以邀一日之遇，研為得主矣。

綠端研銘

孤吟日將夕，碧雲墮為石。

填詞研銘

憑言者石邪？通辭者琴邪？水之苔苔而雨之淫淫邪？研乎，是則汝之所當砭邪？

頤隱齋銘

《頤》之象辭：慎言語，節飲食。節之云爾，非粒之絕；慎之云爾，非舌之結。於虖！將全吾之軀，以終默乎？抑竭其辭，以俟君子之擇乎？彼老氏之為教，豈余心之所適乎？

印規銘

此矩也，曷名為規？規者，所以匡正者也。或毀方以為之，觚哉之所為刺也。

兩晉名賢贊並序

　　　　楊生方訓讀《晉書》卒業，問於余，曰：「王太保列名臣之首傳，嵇侍中標忠義之始篇，二公者豈惟典午之彥，其殆百世之師乎？」余未有以應也。他日，又以為言。迺仿袁彥伯《三國名臣》之例而小變其體，裁為贊，十有六章，非敢進退古人，聊紓嚮往之裏，比於盍各之義。其辭曰：

雪涕遊山，角巾歸里。猗嗟太傅，去人遠矣。戎衍誤國，胡廣之徒。惟君見微，抑其朝華。鄰敵引觴，遺碑墮淚。尚詐之朝，見此豈弟。漢文短喪，虧孝傷化。惜哉傅玄〔註1〕，妄阻鴻議。

羊祜

傑士晚達，廉讓易虧。我裹司徒，不忘澗阿。既乖夙心，克終台輔。故宅風摧，縣絲塵斁。伊古有訓，以人事君。避嫌遠謗，豈節之純。猗嗟司徒，啟事在裹。屈抑之士，微君安歸。

山濤

城陽將種，勳在漢廷。錚錚僕射，肖其家聲。重華受禪，乃方桓靈。寧非眾辱，帝歡不驚。一言之容，臣主俱榮。我懷汲黯，彌歎鄒生。平津在旁，臣皋當刑。敬告有位，勗哉交成。

〔註1〕「玄」，底本原作「元」。

劉毅

志烈才儁，終摧鳳羽。嗟哉步兵，保身良苦。壞牆治郡，乘驢赴官。飾行為市，匪君所安。酒云忘憂，乃更悲涕。惟拒勢婚，藉茲醇醴。心孤跡晦，大昌其詩。遺音誰嗣，悠悠我思。

阮籍

高士好遊，弱冠不學。聖善承訓，一言而覺。修名既立，外慕悉捐。孰云處賤，非居之安。孰云貞疾，非壽之原。徒曰委心，其然豈然。道因文見，意以靜成。顧謝莊老，是為幽貞。

皇甫謐

子上肆虐，戮直護前。義非率土，恥共戴天。哀哉孝子，坐不西向。庭柯謝榮，驚雷收響。眷戀丘墓，寇來不遜。福禍變常，天高難問。於虖孝子，遭難罔恫。父以彊死，安用考終。

王裒

羈宦多感，鄉思轉深。況逢搖落，秋風在林。菰菜蓴羹，復何足道。客緒蕭條，遂關裏抱。未知吳中，孰君故人。應有清酒，為澣洛塵。賤老相尋，榮壯俱去。達哉季鷹，善處遲莫。

張翰

烈烈豫州，擊楫渡江。既定譙城，遂破季龍。渾河以南，盡為晉土。鋒刃之餘，克善裏撫。枯骨銜恩，荒田闢莽。幸哉遺黎，遇此慈父。天不右國，妖星乍明。云亡之悲，豈惟武鄉。

祖逖

江左名世，溫生堂堂。玩敦於掌，鳳讒不行。跡其才智，近乎縱橫。豈知求仁，亦貴有術。吾舌猶存，非卿可拔。功名之際，海沿所生。苟乏學術，鮮能持盈。辭政歸藩，君子之成。

溫嶠

安西守節，強藩內忌。侃侃爭言，彌乖逆志。涉險不驚，忠信足恃。鳳德懷鴞，豈徒大祐。鎮軍無機，渾然天民。風動帳開，乃見嘉賓。省書輟哭，遺疏舉親。此父此子，厥義惟均。

郗鑒

巖巖忠貞，嫉惡若讎。子臣兩議，名教是憂。奏推澄鯤，坊民以禮。彼哉導亮，何足語此。敦既作賊，晦亦凶終。我識王謝，未稱名宗。懿歟忠貞，妻義子孝。是為高門，全家蹈道。

卞壺

玄〔註2〕言群矜，實學將廢。侁侁宏農，許鄭是繼。宗經述聖，何擇之嚴。擁篲企踶，何言之謙。策員骨智，道無悖吉。古皆有死，願盡今日。悲風蕭蕭，城南之岡。應有雲螭，迎君帝旁。

郭璞

名卿拒諫，勝情妨要。寇至登山，事同休笑。右軍高曠，實異老莊。三書論事，炳何煌煌。貞觀好文，傾心書翰。遣大稱小，疑乖素願。臨流感逝，望遠傷離。我遊蘭亭，愴焉悲歌。

王羲之

文靖柄政，恢廓自喜。信天之極，誕受嘉祉。不憂不惑，既安既夷。自抱仙骨，學步則非。抑聞在昔，相策群才。簿書期會，吏胥所能。曰勤與慎，非道之該。由斯以譚，敻乎遠哉。

謝安

沒世無稱，君子所懼。鍾鼎既乖，爰有造箸。奈何盛年，好及博弈。隱雖無文，志言可采。題戶書紳，佩茲良誨。寒檠照夜，如日之昇。我贊晉賢，附以平陵。媚學之士，庶幾可興。

王隱

我聞先聖，論定逸民。孤竹而降，寥寥數人。猗與靖節，非君不仕。徒曰名孫，淺之言志。文辭之美，婦孺所欽。徒曰閒適，未為知音。嗚呼靖節，晉邪宋邪？不知有漢，言之慟邪？

陶潛

周保緒書贊並序

黃生承谷好藏保緒書，暇日出以視余，詫為絕特，亦嘉黃生之能自得師，

〔註2〕「玄」，底本原作「元」。

不可無以輔其志。乃作贊曰：

繄儒生之一菽，紛異說之百端。誠首塗之是謹，諒筆正之有源。昔冉氏之多能，孔聖亦為之永歎。既琴乖而劍棄，聊寄興於柔翰。操縱適度，昒眛四周。雄虹雌蜺，左旋右抽。鏘鳴珂於逸足，馴野鵲于勁秋。遠而望之，若蓮苞乍放，迎朝暉而振采；近而晬之，若蘭心初展，滋曉露而未收。吾聞信此者紲彼，徇人者喪我。惟譽憂而毀喜，斯古即而今離。矧斯邑之合體，將姑舍乎繇羲。奚許史之屏障，足惑志而有他。願即小以箴大，慰岐路之滂沱。

書胡逢源事

胡逢源，字資深，無錫人。早喪父母，育於世父。世父無子，歿當後，而逢源故無兄弟，遂兼事徐、吳兩孺人。吳孺人者，本生繼母，而徐孺人即所後母也。族之人有為蜚語閒之者，兩孺人相語曰：「吾子豈有是哉？」曰：「然。吾子決無是也。」族人聞之大慚，曰：「吾以彼非腹出也，今而後不可復見兩孺人。」

陸繼輅曰：婦人於非所出之子多不能無岐視者，胡氏兩孺人可謂賢矣。雖然，逢源何以得此於二母之閒哉？觀於讒慝改行，而知孝之感人深也。

書豐縣訓導趙君事

趙君鍾書，字守田，武進人。官徐州豐縣訓導。嘉慶十八年，林清之亂，其黨馬朝棟等起曹州。既戕曹，令姚國㮲旋掠定陶，定陶令賀德瀚戰死，城武單，豐大震。君時在府，聞警，即日馳歸豐，呼門而入。豐令張執琮執君手歎曰：「君獨身在官，寇且至。適奉檄他往，幸也，乃肯來就死地？」於是同官咸感奮，誓盡力擊賊。賊聞有備，不果。至二十一年，秩滿引見，奉旨以知縣用。凡待次五年卒，年六十。有一子仁基，有文行，與余善。

陸繼輅曰：吾家與趙氏交四世矣。趙君訥訥然，言嘗不能達意，又素不習騎。及激於忠憤，乃能縱馬絕馳，一日行百五十里。使所遭不幸，與張巡還守睢陽何以異？孟子有言：「志，氣之帥也。氣，體之充也。」於虖！豈不信哉？

東河候補縣丞趙君墓誌銘

趙君諱學彭，字子述，武進人。尚書恭毅公申喬五世孫也。高祖熊，詔進士第一人，官翰林侍讀。曾祖侗敩，兩浙鹽驛副使。祖繩男，刑部郎中。父球玉，國子監生。母陳君年十二三時，軀幹短小，而進退揖讓具成人之度。余嘗

笑之。後數年，刑部君寢疾，君世父懷玉方官青州同知，君晝代監生。君治家事，接見賓客，夜入侍疾，終歲未嘗貼席臥。復以其閒讀書屬文，口不言勞，而貌亦不加瘁。余始心儀之，謂君精力過人，他日宜可肩鉅任重。又數年，君已遍交里中賢豪長者，屬有緩急，不量力而任之，必濟事而後已。余益以自信余言，而歎恭毅之澤之未有艾也。君善飲，既醉，益溫克。每有讌集，余好與同座辯論，往復不已。甚或負氣，陵出其上，忽見君默然旁坐，若有所甚不適於體者，始瞿然覺之，急自斂抑。君乃視余而笑，酬對如初。蓋君於朋友閒，勸善規過，用意類如此。故雖甚諒直，未嘗有忤。君以博士弟子員應鄉試者三，京兆試再，輒不讎，入貲為河丞。又以家事久留，十年始往待次。時河南巡撫姚公祖同察吏嚴，嘗欲檄君監督料廠，而未信君可任。君白姚公：「某世受國恩，官雖卑，猶當持面見祖宗於地下，願公勿疑。」久之，卒以廉慎見知，故事河丞四，遷至總河。姚公每舉以為勗。嗚呼！恭毅之業遂不可復見於君耶？何造物者奪君之速也！君早喪陳夫人，監生君性疏曠，不問家人生產，而座客恆滿，君侍養無方，故監生君得早棄舉子業，頹然自放為樂。今青州君亦病痙，不良於行。君從弟巽侍疾謹，一以君為法。嗚呼！觀君之觀感於家者，而君之於仕益可信矣。君以道光元年月日卒於開封寓舍，年四十有三。越二年月日，歸葬某鄉某原。娶同縣劉氏大學士文定公綸女、孫內閣中書舍人召揚女，姜張氏，並守志。男子子三人：長綿祺，殤；次延祜；次永禮，為叔父後。女子子三人。

銘曰：君於同輩齒最少，方意余他日死，當以身後屬之於君，而余乃銘君之墓也。嗚呼！悲君志之未顯，冀徵信於余文。

山東曹州知府吳君墓誌銘

嘉慶十八年，逆賊林清等乘大駕幸木蘭，將以九月十五日潛入禁城為亂，而其黨之散處於山東、河南、直隸者同日起兵應之。河南賊首曰李文成、牛亮臣，起滑；山東賊首曰崔士俊，起金鄉；曰馮克善、曰徐安國，起曹；定陶賊首朱成貴等起東明、長垣、開。滑令強君克捷，捕得李文成、牛亮臣，署金鄉令吳君捕得崔士俊。群賊知事泄，倉猝起，不獲與林賊如約。二君之功大矣。然李、牛二賊破獄出，城陷，強君死之，而金鄉晏然。總統無分兵輸餉之勞，得與楊公遇春等專力破滑，所謂曲突徙薪者非邪？於虖！君負才名三十年，顛躓坎壈，愛憎之口，互有異同，而卒能自見如此。然則瑰奇之士，固非目論者

所得而測識邪！君少孤貧，年十八，即獨身走京師，謁諸父執。諸父執或延見，或否，而王少司寇昶獨奇之，為取婦，留館邸第最久。後又受知於朱學士筠、陸撫部燿。與懷寧余鵬少雲、同縣黃景仁仲則齊名京洛。三君者，才日益奇，遇亦日益困。仲則、少雲不勝其憤，先後客死，而君嘗從王、陸二公習章奏律令，試挾其能，遊秦、晉閒，聲大起。資傭值以養母，稍稍買宅市裘馬，為豪士。君年三十，識余楊荔浦倫座上，欲與為友。時君方以純廟南巡獻賦，拜文綺之賜，名藉甚，且年倍長，謝之。又八年，始與定交於鄉試號舍。自是有無相通，患難相恤，疾病相扶持。二十八年之中，雖屢與君別，而箋疏規勉，閒以駁辨，月或一再往復，今尚存篋中，而君已長逝。於虖！為可悲也。君客晉垂二十年，罄所蓄貲，入戶部，以知縣注選次，後不得除，復大困。同學少年或外擁節麾、內參機務下者，為廉能吏有聲，君鬱鬱無可藉手，乃益揮金錢，盛讌會，飛騰綺麗，以自遨放。所稱貲積數千金，既償不如期，頗見窘辱，而君處之泰然。謗君者口日益眾，雖知君者亦相顧咄咜，不能置一辭。久之，南河大工需人，君將往投效。余及徐君準宜、莊君曾儀、丁君履恆攜酒脯餞之飲次君泫然曰：「僕以辭賦竊譽，誠過當。然尤善制舉文，雖諸君不吾知。知之者，獨伍堯學士法式善耳。」因出十一科落卷，呼其子孝釗至，使藏之。君遂行。留南河二年，工竣敘勞，以本班發山東試用，累署聊城、郯城、泰安，卒未真授，最後署金鄉，遂邀特擢。君之署郯城也，余往省之。郯人方臚君德政，求文辭壽君。余至，遂以屬余。余亦喜君政之足以傳余之文也，為箸新樂府十章，郯人大喜。余留郯三月，將歸，會君亦以母喪解任，郯人送君者，至持余而泣其後。四年，余自都門還，過郯，郯人聞余至，爭來問訊。因告余以君守金鄉事，已而，悵然歎息，有出涕者，謂君官貴，不復可作郯城令也。君既全金鄉，論功升桃源同知，賜花翎。未抵任，升曹州知府。君素有痞疾，引見時，方劇，上知為積勞所致也，嘉歎久之。君至曹，自以小臣受主知，無可報知府，責在察吏。然非自律嚴，無以率屬。於是敝衣惡食，深自刻厲。然後創為一年兩考之法。凡州縣有所施行及聽斷，纖悉箸藉，以聞於府。府次其弟，以聞於行省。行之數年，吏治清肅，為十二府州最。論者謂君旦夕當任方岳，而君再失官，再復，遂終於曹。時今上建元之八月四日也，春秋六十有五。明年月日歸葬某鄉某原。

　　君諱墀，字次升，武進人。曾祖馮杖，翰林檢討記名，以坊局陞用。祖正琳，父炎，舉人。兩世俱以君官贈朝議大夫。祖母龔氏，母潘氏，俱贈恭人。

妻蔣氏，繼妻莊氏，妾壯氏、程氏。丈夫子三：孝鏊，湖南侯補典史，為世父後；孝釗，國子監生；孝鉞，福建候補府經歷。女子子一，吾友蔣學沂，其壻也。孫二：悌澤、悌澄。孝釗以書來告葬，且乞銘。嗟乎！方川楚奸民習教時，意在斂財而已，非有潛伏若斯之眾也，非有內應如劉得財、楊進忠其人也。然而軍興至五六年，麋帑至億萬萬計，而後廓清。使當時牧令盡如吳君，但各保所治不軌之徒，固已無所容其頂踵矣。君之功既上見明詔，其鈎致調遣捍禦之精詳復具於盛君大士、周君濟之所序述，書生之效，於斯偉矣。君其可無恨。君遺書，曰《禮石山房集》，都五卷，曰《手治官書》、曰《金鄉紀事》，各四卷。又少時通曉音律，箸樂府三種，曰《皖江雲》、《人天誥》、《護花幡》。銘曰：孰進退之，悠悠者人邪？孰顯晦之，昭昭者天邪？我銘君藏，固君夙昔之所命也，而惡知其言之信邪？

山東泰安知府完顏君墓誌銘

嘉慶二十五年，泰安知府完顏君以疾去官。四月日，卒於南皋旅次，春秋四十有九。赴至，余既為位而哭。其明年，道光元年十月，孤麟慶等復以書告葬，且乞銘。

謹按：君，鑲黃旗滿洲人，諱廷鏴，字衡伯。祖期成額，刑部左侍郎，鑲藍旗滿洲副都統。祖姕舒穆魯氏，繼祖姕戴佳氏。父岱，河南布政使司、布政使，贈太常寺卿。姕索綽羅氏，生母陸氏。君娶常州惲氏。惲恭人有兄曰秉怡，余友也，故余因惲君識君。時嘉慶六年，君已官蘇州同知。回旗居太常公喪，在都虞司行走，而戴佳夫人猶在堂，素賢惲君。惲君之友入都門者，多主君家。君與余及孫君讓、洪君飴孫、魏君襄、周君濟尤相善。每偕過君，留旬日不去，至解金帶質錢設酒饌。戴佳夫人聞而甚歡。餘下第將歸，入辭夫人。夫人坐受其拜跪，掩涕久之。君亦侍立泣下。君諸子皆環繞攬衣，不聽余行。後君之官浙中，過常，請謁吾母林太孺人。太孺人出見君，如余謁戴佳夫人。君補溫州知府，余復偕計吏入都。君時時遣人起居太孺人，餉朱提及土物，太孺人介不輕受人施，獨於君無所卻。君官溫州，葺講院，興水利，又擒治大猾彭祥履等，士民德之。凡在溫五年，奉戴佳夫人喪回旗，溫人為君私建生祠，因譜君治蹟藏祠中，其署卷首曰「去而益詠者」，儀徵宮保阮公元撫浙時所書也。服除，以元官揀發山東。初至署糧儲道，旋補泰安。泰安方旱，君竭誠祈請，雨遂霑足。後數年，所屬張秋被水，君徧歷鄉村，散給口糧，復屬俸製絮衣數千領，

災民獲全。又數年，有飛蝗入境。君禱於神，蝗一夕投汶水中，悉化為魚。余嘗過君泰安，泰安民為言君德政甚具。豈意四年之別，而余遂銘君之墓也。其可感也夫！

初，戴佳夫人有子曰泰，才而早逝。泰之子曰廷錦，幼殤於法，不應立後。君欲慰大母意，以次子麟昌後之。君性澹泊，於聲色狗馬輿服一無所嗜，惟篤好客。客至，留飲連日夜不倦。閒為詩及詞，皆清婉可誦。亦頗好奕，顧不甚工，余嘗笑之。綜君生平，孝謹廉惠，悉出於至誠，宜享大年高位，而皆不果。嗚呼！其可感也夫。君三子：麟慶，嘉慶十四年進士，日講起居注，左春坊，左中允；麟昌，武備院主事；麟書，候選通判。女子一人，內務府主事衍勷，其壻也。孫二人：崇壽、崇實。女孫六人。麟慶等以某年月日葬君某鄉某原。銘曰：於皇勤民，首重良二千石。嗟籲完顏君，年不稱德。我銘其藏，為天下惜。

六品銜王君墓誌銘

王君諱葵，字廷揚，合肥人也。年三十餘，家尚貧，志鬱鬱不自得。值歲旱，富人議私賑，久不決。君出見饑民乞食道上，老弱顛躓，歸而憤甚，盡毀其釜甂盆盎，家人驚，莫敢問。鄰翁程篆者，亦尚義士也，獨字謂君曰：「廷揚欲與饑民俱死耶？無益。吾觀君非長貧者，姑待之耳。」因遺君爨具，薄莫始得炊。君雖貧，然好直言，已然諾，鄉人重之。會君之子且長，沉默有信行，閒與人賈，分財利，秋豪無所苟。因假貸，使自為之，數年致千金，悉持奉君。君稍稍得行其志。凡縣中有災荒繇役，若興作當醵貲，君嘗為倡。嘉慶某年，今湖南巡撫左公輔請帑修築縣城，司事者出入乘肩輿，設食，雞豚酒醴備具，月費至數萬錢。君心非之，屬以他事去。而余兄之子耀遷來客縣中，遂與君同受左公屬。兩人既任事，辨色起，各自所居步至工所。會食，盡湯餅一器。日昳，迭出懷中錢市寒具不託之屬啗之，復徒步去。比藏事，會計出納，兩人不支一錢，左公大驚歎。耀遷者，於人少所可，人亦苦之，不樂與共事者也。至是，與君交甚驩。余聞君名於耀遷，垂二十年。後選合肥校官，始得相見。君已老，行步次且，然不肯扶杖。每過余，余自下階掖之以登，而君以耀遷故，執禮甚恭。時忠義祠久圮，余以語君。君與程君共葺之，頗完固。道光元年初夏，君寢疾。餘數數過視君，君亦無所苦，但不欲穀食。以六月二十一日卒，春秋七十有六。逾月，程君亦亡。余之將至合肥也，以書求友於左公。左公疏

君及程君等數人姓名為報。其後，鳳穎同知陳君斌罷官，將歸道廬州，為余言縣中善人長者，亦首及君。二公皆前官合肥，倦倦於舊治者也。余即與君不相知，猶將因二公之言以信君之行，而況及接杯酒殷勤之歡飲，聞其正言讜論者哉！若程君之好義，與耀遷之廉介自喜，亦皆人所難能，輒並及之，冀以風世，而君之為人益可知矣。詩人有言：「如可贖兮，人百其身。」吾於君之歿，所為唏噓流涕而不能自己者，又豈徒兩世之交為可念耶？君之先，故涇縣人，遷居七世矣。大父信，父又鰲。君娶於某。丈夫子一人：國琇。孫二人：世麟、世麒。世麟尤向學，從余遊。曾孫一人。國琇以某年月日葬君某鄉某原。銘曰：不任恤，古有刑。律所無，盍治經。猗嗟王君志竟成，亦狂亦狷難可名。虞公之孫字升卿，我銘君室心丁寧。

山東青州同知趙君墓誌銘

道光三年二月庚申，山東青州府海防同知武進趙君卒。越三月，赴至廬州。繼輅既為位而哭。四月，君子奐復以狀來，且云：「葬未有期，願吾子預為銘以待事。」於呼！君之終，先君執友交遊與其及門弟子於是零落盡矣。夫以繼輅失怙之早，吾鄉善人君子之多、先君從遊之眾，而及見其盛。繼歎其衰，終悲其盡，則繼輅亦且頹然而將老矣，宜奐徵銘之遽也。

君諱懷玉，字億孫，太子太保戶部尚書恭毅公四世孫，於翰林侍讀熊詔為曾孫，於兩浙鹽驛副使侗敦為孫，於刑部福建司郎中繩男為子。母葉宜人。君之以所業質先君也，齒最後。先君既好劇譚豪飲，一日無客，即悵然不自得。又愛偉君，每君至，輒喜促置酒，夜過半始別去以為常。逮乾隆四十五年，純廟南巡。君獻賦行在，蒙召試賜官。先君猶及見之，而君年已三十有四矣。君既得官，嘗一入都候補，旋以葉宜人喪歸。歸十年，復出應禮部試，下第，留內閣行走。又一年，實授中書舍人。當是時，誠謀英勇公與襄勤伯同為大學士，而君為英勇公所知，薦充軍機章京，不果。擢侍讀，又不果。嘉慶五年，俸滿，改外。六年，至官。七年，署登州知府，再署兗州。八年，刑部君棄養，遂不仕。凡里居二十一年。年七十有七。吾鄉自唐襄文以文武幹濟之才効忠前明，恭毅繼起，首為本朝名臣。二公所詣不同，而同致通顯。蓋襄文以通，恭毅以介。襄文如長江大河，無不容納；恭毅如高山絕壁，特立千仞。然繼輅所見乾隆、嘉慶閒偉人，奇節讜論，震動一世，其始大率以襄文為宗，惟君篤守家法，而稍變其嚴峭，為安雅廉讓，故於仕恆進怯而退勇。於乎！失時之惜，孰與失

己？以是見恭毅於地下，抑亦庶無罪悔矣。君知名最早，弱冠應京兆試，即與諸老輩抗顏為友。雖儀度嫻謹而持論侃侃，未嘗以年位自絀。其後家居，日與里中少年賦詩飲酒，亦自忘其為大父行也。繼輅少於君二十五年，又與奨及奨從兄學轍、學彭交相善，不敢與君為儕，而君以先君故，弟畜之。自君病淖十餘年，不良於行，繼輅等嘗詣寢室起居。或以事數日不至，必相召。召而不往，必大怒。既見，即又大喜。繼輅之官廬州，君舁籃輿送別，握手唏噓，謂將不復得相見也。而今，果然，其可感也夫！君娶於金，生四女。又娶於張。又娶於沈，生二子。長即奨，次曰添丁，幼殤。奨之子曰蓮祥。君生平無所好，客來飲酒，客去即讀書。所著《亦有生齋文集》五十九卷、續集八卷，斂氣就律，肖其為人。銘曰：躓而趨，不如行之迂。是為文，而儒非才之徒。子孫守之慎勿渝。

張克家壙誌

張君諱承構，字克家，陽湖人。父浩，副榜貢生，河南候補通判。母陳，繼母莊。君少孤，育於莊氏。莊安人之父，邠州知州炘，余舅子也。而君姑之夫惲君敷，又與余善，故君暱於余。嗟乎！余來合肥四歲矣，歲得朋舊箋素百許函，其中報以某人攖某疾、死某所函常十之一，積而計之，不下四十餘輩。相知之深者，為位而哭。次者出入徘回，咄咄獨語竟日。晦而息，往往夢見其人，言笑如平生，不知其已死也。或知之，哭而醒。值秋雨蕭瑟，風聲肅然，追理夢境，與往事相雜不可辨。以為中年情事，大率如此。然亦有少壯無疾病，而其人留之有用於世者，如張君，尤可悲也。君事繼母孝，然嗜酒，每醉歸，莊安人坐待，已過夜半。戒之不改，莊安人恚而啼，則大悔自恨，投地搏顙，血出被面，矢不飲。久之，稍稍不自禁，復出從酒人遊。然不敢滿觴。漏再下，輒自引去，不可留。君嘗語余，事親以服勞奉養為孝，不當有所修飾。君故不學，余為陳說禮經溫清定省扶持之節、愉色婉容之義，君嘆然良久，曰：「如此不流於偽乎？」余笑曰：「子殆告子之徒，所謂仁內義外者也。」因誦《論語》，至於「犬馬皆能有養」，君變色起立，驚怖無以自容。趨歸告莊安人，自以為乃今得聞道。君精力絕人，其外舅官商州知州。君自西安往省，急疾馬上，一日馳三百里。惲君嘗欲為君入貲，以丞簿注選，會後期，不果。而君竟死，年三十有二。余既僑居多感，又哀君之可與為學，而天奪之年，乃為之銘，亦以紓莊安人之慟，俾刻以葬君。銘曰：君不學，而孝親，而親仁，而勇於自新。

我銘其藏，以諄學人。

張童子壙誌

張童子名昌緒，字端甫，華亭人。大父興鏞，嘉慶六年舉人，無為州學正。父祥河，二十五年進士，內閣中書。端甫五歲入家塾，能辨四聲。稍長，讀《春秋左氏傳》，為氏族之學，未成書而殤。年十有七。於乎！張氏自贈尚書府君淇逮今中書舍人，著書五世矣。端甫早慧，復有志於此，宜造物之靳之也。余與學正君交相善，書來，告將葬於先塋，且徵銘。不可無以紓其慟。銘曰：汪錡殤，聖所與。五尺軀，志千古。橫雲之麓幽且阻，百年無聞媿茲土。

毾珍壙誌

毾珍，字小崇，常州黃氏女。年十六，事大母甚婉順，習書祈甚慧。父曰昌慈，吾出也，以從九品待次浙江，嘗權德清典史。典史秩至卑，然能為民禍。昌慈在官期年，徒隸感化，以貪暴為恥。其還會城也，獄囚三日哭，百姓男婦走送塞塗，後至者呼而馳。肩輿所經，戶設香鐙水鏡。余聞而怪之，時昌慈年三十有七，未有子。吾婦語余：「明年，姑抱孫矣。」余應曰：「然。」已而，書至，一妾死。書再至，毾珍殤。道光三年九月八日也。余客合肥，無由即與吾姊相見，懼昌慈未能平其心於憂患，以寧偏親之起居，乃為之銘，俾刻以葬女，亦以益堅昌慈之志，而紓吾姊之痛。銘曰：天壽自有萬古，奚百年之足云。諒笑啼於修短，非彼蒼之所聞。既為善非以求福兮，詎終怠而始勤。

楊君妻史孺人權厝誌

嗚虖！士之負才而窮於世者多矣，然如孟子所云勞筋骨、餓體膚，知命之君子猶能安之，至於離別死喪，摧傷其性情，而生人之樂盡矣。嗚呼！何其酷歟！

吾友楊大墉伯厚，年未弱冠，即傭書襄漢閒。蓋與同縣史氏論昏幾二十年而後娶。娶未三年，而史孺人歿，是為伯厚之才宜處人生至困之境，而因以禍其妻耶？抑為孺人之賢能安伯厚之窮，俾伯厚不改其樂而反以禍伯厚耶？是安可知也。而且孰歸其咎耶？

孺人諱壽生，字子偕，陽湖人。父藻章，故容縣典史。典史君之母莊太夫人，於先君子為中表女弟，故余知孺人之賢而喜伯厚得佳婦。乃竟不獲偕老。其卒也，以道光元年七月二十五日，年二十有九。是年月日，權厝於城南之原。

子一人：轍孫。銘曰：其德也孰篤之，其夭也孰促之。我求其故，而莫余告也。嗚呼！

邵蘭風哀辭

　　道光元年五月五日，昭文邵蘭風卒，春秋四十有九。於虖！哀哉！當乾隆、嘉慶閒，常熟昭文文學尤盛。孫原湘子瀟、蔣因培伯生並倜儻自憙，意不可一世。蘭風年未冠，操筆與角，兩君心服，遂齊名。其後子瀟成進士，引疾去館，至今未真除；伯生由他塗為縣令，旋以得過失職；而蘭風終於諸生。三君子者，其豐於才而嗇於遇，一也。然蘭風非徒負才，尤勇於為義。嘗應順天試被落，留居京師，族子某聘宛平某氏愆期，久貧不能昏，婦家以為言。蘭風盡鬻其衣裘車馬，僦屋宣武門之南，馳書召族子至，迎娶如禮，因留其夫婦婢媼，給衣食甚具。久之，不忍遣去。迨族子生子數歲，蘭風亦再試不讎，困甚，乃使附漕艘先歸。余交蘭風二十四年，時時與蘭風別。最後別於宣南寓舍，不相見者又四年。今春蘭風書抵合肥，云苦左臂麻木，余報書，以止酒為勸。嗟乎！造物者既嗇其遇矣，豈復促其年耶？而不虞天之不可測，一至於此也。往余刪定舊詩，凡與蘭風往復之作，適皆不錄。蘭風展閱竟，意不懌，猝語余曰：「吾名乃不見於君文。」余笑曰：「繼自今有作，輒存之未艾也。」然四年中，卒未有作。今乃為辭，以哀蘭風。

　　蘭風諱廣銓，字甄士，弟四。邵氏世以文學通顯有名。齊燾者，學者稱叔宀先生，從祖也。祖齊然。父垂憲。母馬夫人。妻錢氏。子曰淵媺。辭曰：

　　嗚呼！今日何日兮，痛左徒之自湛。越千餘年而悲未已兮，乃復喪我蘭風。信乎為不祥之日兮，雖生百孟嘗而何足以解萬古之傷心。嗚呼！哀哉！子與我俱弱冠兮，初相見於金陵。怨秋氣之蕭屑兮，忽流霞之滿庭。璃簫兮玉篷，墮天花兮瑤席。招麻姑兮捧觴，開雙成兮行炙。染山翠於高鬟兮，繫圓靈於遙夕。建都門之重姤兮，察豪氣之漸除。方迎夏之多感兮，飲天橋之酒樓。孰先醉而悲來兮，撫青琴而懷舊。有櫻桃與芍藥兮，進石華之廣袖。日向曉而戒塗兮，乍佁儢而容與。照塵顏於桑乾兮，見高寒之玉宇。羌隱隱而閶闔兮，紛雲軿之來下。子偕返於碧城兮，夜漫漫而獨語。悟為歡之無幾兮，並離憂之難再。茲人天之永訣兮，願緘愁而坐對。嗚呼！哀哉！雖子身之久困兮，文采爛其被體。天既玉汝於成兮，乃今而逸子以死。不可謂非天之厚子兮，子母悲於朝露。當求屈子之魂而與之友兮，發餘芬於衡杜。諒修短其同盡兮，淼湘江兮余將渡。

趙君繼室錢孺人哀辭

孺人錢氏諱湘，字季蘋，陽湖人。先外舅舞陽府君女。歸同縣趙仁基厚子。以道光二年十月廿二日卒，年二十有六。嗚呼！哀哉！舞陽府君四女，惟伯與季所適貧薄。余嘗戲述吳桓王「喬公二女雖流離，得吾二人為壻，亦足為歡」之語，與厚子相視而笑。然余與厚子既以貧故，不恆其居，出遊輒數千里，留或四三年。其居室之憂傷勤苦，為吾兩人所不及知者，雖吾妻與孺人亦且不能相喻。而孺人尤荏弱遂，不幸而至於死也。嗚呼！是得盡委之於命邪？孺人之歸趙氏也，逮事君舅訓導君。訓導君，故孺人舅氏，亟稱其孝。其卒也，所生女幼不知哀而前，室之子慟哭不忍聞。錢氏諸女並讀書如男子子，而孺人最慧。所著樂府數十篇，淒惋殆不可卒讀。嗚呼！以厚子之賢而有文，與孺人之澹泊，無所歆羨，而所遭不幸，卒以損其年命，則凡有志行如孺人而窮而未至於死者，益何以自解？而長逝之痛，為無窮期矣。余聞孺人之喪，已自有不能已於言者。會厚子來徵文，乃為之辭，曰：謂才之妨命兮，德又不足以永年。嗟斯人之薄祐兮，孰當其愆誠。榮樂之易盡兮，集悲喜於遺編。

從孫申右哀辭

申右名嘉應，先考恭城知縣陸府君曾孫，先兄桐廬知縣諱繼夔孫，從子國子監生耀遷子。其少也，嘗從先友莊君曾儀受經，略皆上口。以家貧故，早出傭書，學未竟。然性好篆刻，見漢魏私印，輒仿為之，往往亂真。人以石來，未嘗以事辭。道光三年十月廿九日卒於婦李氏，年四十有八。子佑駪先卒，以兄子佑騫後。十一月，赴至合肥。哭已，為辭以哀之。辭曰：

上章之歲，斗柄插酉。汝來省吾，一室斗方。兩榻磬折，牽舟岸居。擁余夜譚，間以悲歡。時復笑呼，我初去鄉。形神刺促，如囚在拘。自汝之來，魚遊園囿。稍自展舒，官舍偪仄。舉動糧觸，坐炭負塗。自汝之來，人影鐙光。乍歸故廬，留逾十旬。母疾遄返，握手唏嘘。汝指庭樹，行當復來。期桃始華，何圖不弔。洊丁大故，既哀既孤。甫及夤髫，再膺酷罰。殃逮童烏，顑仰慘痛。人離鬼狎，二豎睚眐。沉疴經年，泉臺在望。跂不得趨，恆鞅委棄。園扉大開，匪戚而愉。於虖！哀哉！死孝死慈，義何所附。而殞而軀，譬草一莖。曷培以茁，敦刈使枯。高高者天，福禍之宰。詎殺不辜，猥以骨肉。不勝大願，乞觀爰書。於虖！哀哉！

廣西永康知州方君年六十七行狀

曾祖辰，徵仕郎，翰林檢討。祖宏度，文林郎，大名教授。父徽，未仕，贈奉直大夫。母江，贈宜人。方君諱聯聚，字樹星，大興人。檢討君之父官江南，分守蘇松常道布政使司參議，有惠政。既歿，貧不能歸，士民願割宅以居者甚眾。而檢討君前已論昏於武進徐氏，遂僑居焉。君中式乾隆五十一年順天舉人。六十年，大挑一等，試用甘肅知縣。涼州有疑獄，五年不決，君至，一鞫而服。大府以為才，得超委，累署安化、碾伯、靖遠。靖遠有瓜果之供，為民累，君罷不納。首令移書索之，方與往復辯論，而君受代還。會城旋因有兵事，奉檄隨營差委。未至前一日，官軍潰於秦州，督部夜馳入成縣城。君聞，改道，詣成上謁。會督部方急，求一書記草奏稿不得。君至，甚喜，因授以意，言乘月追賊，殺數千人，忽雷雨猝，至不辨彼我，亦折兵數百人。君知其辭不誠，謝弗習。當是時，川楚賊方熾，出入蹂躪鳳翔、秦階之閒，而禮縣最當其衝，遂以君署縣事。賊首張漢潮、王三槐等時至城下，或仰攻數日去。君守禮縣九月，屢瀕於危，然遠村難民至，輒啟關納之。或以為疑，君曰：「城以衛民，此固禮縣民也，奈何棄之？」因下令各鄉，因山築堡，以備賊。先是，有某將軍者素不輯兵，所至攘奪居民衣糧羊豕。嘗過禮縣，呼門欲入，百姓驚懼，君乘城與語，請屯兵城外，而城中具芻秣犒師。將軍怒曰：「吾率大兵逐賊，兼為護汝城而來，汝何官，而敢拒我？」君曰：「逐賊護城，俱應距城結營，為掎角之勢，安用入城？某官雖卑，然有守土之責，去留生死俱在將軍耳。城不可得開也。」將軍語塞，飭其眾屯於城西。已而語人曰：「行軍以來，所見強項令，獨一方君耳。」君既全禮縣城，又前後獲賊目數十人，功皆未敘。既受代，特委署階州。階州，直隸州也。尋又以勘災會寧，忤上官意，借補肅州。州同有王方伯者，從容問君《論語》「誾誾」之義，君應聲曰：「誾誾，和悅而諍也。」方伯默然。蓋君生平為學，以剛毅節儉為本。所至，倉庫無絲毫虧缺。自度得禍，止於失官，故能必行其意，不為非理所屈。而愛君者或持剛則易折之說，以為君規，豈知君者哉？君既處閒曹，久之，時論頗不平，大府亦旋悔，復調君成縣。成即前督部夜馳所入城也。君因彫敝之餘，勞來安集，稍稍葺廬舍，事農桑，約法疎略，吏民大和。然後擇其秀者，自為師課之。凡在成六年，訟幾息。嘉慶十一年，大計卓異，入都引見，歸調平番。平番地當孔道，迎送絡繹。自君至，過境者皆戒其從騎：「方君為平番矣，慎毋擾彼性剛，不汝恕也。」明年，擢靜寧州。將上事，以母喪去官。服除，謁選。值廣西請發州縣，

君與焉。初至，署蒼梧。梧州方有水災，方伯來勘從者索供張食具，費不貲。君自出慰諭，不可，語益肆，君大怒，叱隸出索縶之，往見方伯曰：「公以水災，故按部至此。見餓莩縱橫，雖有珍膳，當不下嚥。而從者橫索如此，此必非公意也。特縶之來，請公責之。」方伯不懌，徐曰：「君寧不可自責之耶？」君起立，應曰：「諾。」趨至階，呼隸牽入，杖之。方伯大慚怒。他日言於大府，而大府意奇君。方伯亦適以他事罷去。君在廣西候補三年，署永安州，又署定明州。定明與安南接壤，而所屬有四土州。君議上宜興革者數事，皆不得請。君歎曰：「位卑而言高，罪也。吾將終緘其口乎？」二十一年，補永康，距會城二千餘里。民俗椎魯，君為之期年，比屋聞讀書聲矣。而君屢乞致仕。二十五年二月，始得請代者至。君喟然曰：「吾乃今知免矣。」會當暑，不得行，以是年八月己丑卒於永康寓舍。配宜人馮氏。丈夫子二人：履籛，嘉慶二十三年順天舉人；履筠，先君卒。孫一人。君前後為州縣二十五年，所建樹亦足表見於當世矣。而一時賢人君子相顧嗟諮，猶以君位之未顯，不克盡其胸中所蘊蓄，又幸值今上不次用賢之時，而君年力未衰，乃竟不獲緩須臾以待，為可惜也。道光元年四月，履籛奉喪歸常州。八月，以書告於其友陸繼輅曰：「朝廷方修《一統志》，凡儒林、文苑、循吏、列女皆得陳狀史館。謹條具先君事實，屬之吾子。」繼輅與履籛定交十有三年，其立身行己皎然不欺，知非緣飾以誣其先人者。因刪次其辭，又證以平日所聞，與今士大夫之所歎惜，為狀如右，俟傳循良者採擇焉。謹狀。

祭劉編修文

於虖！醇甫奈何死耶？以子之賢而止於此耶？造物之意，吾知之矣。留子於世，亦何所補？徒使子哀樂之交攻而進退之多阻，何若逸子於冥漠之宮，藏子於重泉之下。然則子之體魄陰為野土，乃子之神明與天遊而無窮者邪？蜀山之岨峿，灊湖之空濛，亦仙真翔泊之所，而曷不翩然過我於荒煙莫靄之中。

祭黃氏六姊文

嗚呼！孤兒無父，孤兒無母，孤兒無兄，獨有一姊。縶姊之賢，猗哉女士。令德考終，見我怙恃。生人之痛，曷云能忘。聊述往事，奠姊一觴。我生不辰，早罹慘毒。惟詩惟禮，母督兒讀。姊依母膝，環此一鐙。夜闌繡倦，四體凌兢。母出啟戶，風雪交飛。姊勸母息，我告母饑。姊探褢中，蒸餅猶熱。我飽而寢，

程課罔闕。凌晨母起，喜見朝陽。呼我倍文，厥聲琅琅。一字之誤，姊懼母瞋。母或予杖，姊涕先零。我擅文譽，姊抑其狂。我輕詆訶，姊懲其剛。才不炫俗，和不毀方。凡姊訓辭，焉用不臧。我初出遊，弱冠逾六。姊常歸寧，時母寒燠。迨偕計吏，征車載遙。姊供旨蓄，非夕伊朝。生男何喜，生女何悲。如姊之孝，足慰母裹。惟姊之孝，豈徒能養。婉婉其容，喋喋其讓。今我不述，疇知姊賢。微姊之賢，益彰我愆。嗚呼！哀哉！姊性明決，尤惡矯誣。黃故積富，崇信虛無。動捐千金，以資浮圖。姊嘗遘疾，兼召醫巫。巫言厲鬼，實緜有徒。姊怒而哂，揮巫速行。恣鬼所為，不設一羹。宛若強諫，臧獲夜驚。姊堅不從，疾乃大寧。屠維之歲，風摧慈竹。姊亦驟貧，賣田及屋。泣告先靈，為子入貲。孤子廢學，負舅作師。子學雖輟，夙知母心。一官鴻毛，入水不湛。吳興守尉，將還虎林。男婦夾道，泣淚橫衿。有水一盂，有鏡一奩。持此為餞，肖君清廉。姊顧而喜，外祖是誨。有初匪難，戒爾終怠。吾師蔡鴻臚之定。執訊報我所覯，發函詫嗟。師不妄譽，何圖不弔，為善降殃。理遭其變，欲排天閶。嗚呼！哀哉！聞姊之終，遺言靡失，一如先妣。自知亡日，死而無知。恆榦奚惜，死而有知，歡然幽宅。有父有母，有舅有姑。朱弦複調，荊枝再華。鮮民之生，如死之久。從姊而逝，於義則否。嗚呼！哀哉！勞薪速爐，冬暉易徂。矧浮生之多別，果孰存而孰殂。庶貞靈之無渙，永良覿於淵塗。